Jaime Maristany

TRATADO
de
RECURSOS
HUMANOS

"Queda hecho el depósito que establece la ley 11.723"
©*Jaime Maristany 2007*

AVE FENIX

EDITORIAL DIGITAL

INDICE de CONTENIDOS

CAPITULO 1
La persona

CAPITULO 2
La organización

CAPITULO 3
Recursos Humanos

CAPITULO 4
Comportamiento organizacional y
Comportamiento individual

CAPITULO 5
Grupos, comunicación y cultura

CAPITULO 6
Management

CAPITULO 7
Liderazgo y Motivación

CAPITULO 8
El cambio

CAPITULO 9
Administración de personal
Selección
Descripción de tareas

CAPITULO 10
Evaluación de tareas y

Administración de remuneraciones

CAPITULO 11
Desarrollo de recursos humanos

CAPITULO12
La salud

CAPITULO13
Relaciones laborales

CAPITULO I

LA PERSONA

Descripción

"Hombre" es la palabra que designa a la especie humana en sus dos géneros: el femenino y el masculino. Como la palabra "hombre" es masculina, a lo largo del libro usaremos la forma masculina y no la femenina.

"Hombre" proviene del latín *homo,* que a su vez nace en el indoeuropeo como *dhghem,* cuyo significado es "Tierra". Cuando a ese vocablo se le agrega *on* se convierte en *ghom-on,* que quiere decir "habitante de la Tierra", y del cual derivan las palabras *homo* y *humanus,* o sea, humano. Es claro, entonces, que en la descripción de qué es un hombre no hay otra intención que vaya más allá de decir que es el habitante de la Tierra. En su etimología no hay referencia alguna -como ocurre en otras- a movimiento o estado, sino que es una mera situación, la constatación de un hecho.

La Real Academia de la Lengua Española lo define como "animal racional" y agrega: "Bajo esta acepción se comprende todo el género humano". No hace esta distinción respecto de "hombre", y define a la persona como "individuo de la especie humana", remitiéndonos al latín *persona.* Pero en el latín, *persona* fue tomada del etrusco *pbersu,* cuyo significado era "máscara de actor", lo cual nos está diciendo ya algo diferente. El término "persona" es usado en castellano a partir de 1220 *(Diccionario Etimológico,* J. Corominas, 1973)

Por otra parte, la Real Academia profundiza el significado cuando define "personalidad", acerca de la cual aclara que proviene del latín *personalitas* y dice que es "la diferencia individual que constituye a cada persona y la diferencia de otra". Así, pues, cada persona es diferente y va más allá del mero ser hombre.

El término "persona" fue usado por primera vez como tal en el Concilio de Nicea del año 325 d.J.C. En él se estableció que Jesucristo tenía una naturaleza divina y otra humana, las que se reunían en su carácter de persona; es decir que "persona" era un término que describía la reunión en Jesucristo de lo humano y lo divino.

Las personas son quienes forman las organizaciones. No hay organización sin personas que la creen y sean, luego, parte de ella. Somos la "máscara del actor", pero es con ella con lo que trataremos, ya que el interior de las personas nos será siempre difícil de alcanzar. Es más, las mismas personas no suelen alcanzarla en su mayor medida. Por ello, desde Sócrates (430-399 a.J.C) se ha insistido tanto en aquello de "conócete a ti mismo", debido a que el conocimiento de uno mismo no nos es regalado, sino que forma parte de esa meditación, de ese observarnos que nos permite conocernos y andar con mayor claridad por la vida.

Podemos distinguir cuatro tipos de **libertad:**

1. La libertad natural, la que supone que no estamos atados a un destino que nos obliga a hacer determinadas cosas.
2. La libertad política, que es la que supone la posibilidad de regir la propia vida sin las presiones de las comunidades a las que pertenecemos. En la antigüedad la noción de libertad era la del hombre libre en contra de la situación del esclavo.
3. La libertad personal en el sentido de independencia de las presiones de la sociedad. Las costumbres de una sociedad presionan sobre la persona coartando su libertad.
4. La libertad interior, que es la posibilidad de las personas de actuar en forma autónoma respecto de sus propias limitaciones interiores.

A principios de la década de 1970 observé el caso de las empresas ubicadas en el ámbito rural. Estás debían tomar personal de la zona, con poca o ninguna instrucción empresaria, y al cual había que entrenar en cómo llevar a cabo la producción o el mantenimiento, en asuntos de logística o de administración. Llegados a un cierto punto, esas personas reclamaban. No importa qué, porque en cada caso era diferente; lo interesante era observar que las empresas se asombraban por el hecho de que las personas reclamaran. Las habían entrenado en ciertas cuestiones, pero no en éstas que planteaban. Nadie les había hablado de esos derechos que ahora blandían. Es decir que, como habían sido entrenados en producción, según este pensamiento su desarrollo debía ser sólo en producción, como si el hombre fuera una serie de compartimentos estancos sin relación entre sí. Lo que esas empresas no habían advertido era que los hombres, al desarrollarse en un tema, tendían a desarrollarse en otros. Fue así como ideé el modelo de los intereses del ser humano.

El hombre tiene como interés básico el trabajo, y sobre ello no cabe duda. Tiene, además, otro interés básico que es la familia. Luego vienen una serie de intereses más importantes para algunos que para otros y que, incluso, el hombre puede no desarrollar o abandonar. Éstos son:

- Familiares
- Laborales
- Profesionales
- Lúdicos
- Religiosos
- Sociales
- De estudio
- Políticos

Se han dado diferentes razones básicas de por qué las personas entran en una organización. Algunas de las más relevantes han sido:

1. Ganar dinero para vivir.
2. Realizarse profesionalmente.
3. Ser reconocidas.

Se han agregado a éstas otras razones secundarias, como el hecho de ser pariente del dueño, tener un padre que es o ha sido directivo de empresas, querer vivir en distintas partes del mundo, etcétera.

Pero la cuestión tiene otro punto de vista quizá más específico. Tradicional-mente se consideró que las personas estaban en la sociedad -y por lo tanto en las organizaciones- por consenso. Es decir, las personas estaban porque querían estar, porque estaban de acuerdo con este hecho. Desde luego que esto no se aplicaba a los esclavos, a los siervos de la gleba y a quienes se obligaba a estar en ciertos lugares, sino al conjunto de las personas de la sociedad.

Pero en el siglo XIX, Karl Marx propuso que las personas no estaban en la sociedad por consenso, sino por el conflicto que las mantenía enfrentadas. El planteo de Marx se relacionaba con una cuestión de clases y de explotación. Era una visión de la sociedad en la cual las personas estaban enfrentadas por el conflicto de ser parte de diferentes grupos.

Por fin, en 1952, Ralph Dahrendorf definió que las personas ingresan a la sociedad por consenso, pero que de inmediato se produce un conflicto debido a las diferentes posiciones que cada uno ocupa, o sea, la asimetría. Esto se aplica de la misma manera a la empresa. La cuestión radica en que quienes están por debajo de una posición sienten celos o envidia de los que están arriba y, por su parte, éstos tienen una tendencia a abusar de su poder. Basta con comprobar esta suposición a través de la semántica de la palabra "arbitrariedad". Arbitrariedad suena y es entendida como una palabra que define una injusticia, un abuso. Sin embargo, proviene de la palabra "arbitrio", es decir, actuar libremente. Esto está señalando de qué modo la actuación libre ha sido sentida en numerosas ocasiones como injusticia o abuso.

Creemos, con Dahrendorf, que hay un consenso necesario para estar en la organización, pero que hay también, de inmediato, un conflicto de asimetría que es ineludible y que hay que administrar.

La persona en la organización forma parte de cuatro fuerzas que convergen en la empresa. Éstas son:

1. Las personas, a las que nos referiremos a continuación y a lo largo del libro.
2. Las estructuras, que son las que definen las relaciones formales y las funciones de las personas en las organizaciones.
3. La tecnología, que es la que determina la manera de hacer las tareas y, por lo tanto, los procesos. Además, influye en las personas, en sus relaciones y en los resultados de la operación y de la empresa. La trataremos en el área de los recursos humanos y del *Management*
4. El ambiente en que se mueve la organización, tanto el interno, relacionado con las condiciones físicas del lugar, como el externo, o sea, la sociedad en la que está y el conjunto de todas sus instituciones y creencias, las que influyen sobre la empresa y la fuerzan a actuar de determinada manera.

Si comenzamos a considerar el tema de las personas, podremos acordar fácilmente que cada individuo es, en sí mismo, una organización de elementos que le posibilitan vivir y desarrollar sus actividades y que posee personalidad. Esta personalidad está constituida por componentes que coexisten, aunque algunos tienen preeminencia sobre otros, llegando a definir la personalidad. La psicología ha desarrollado un amplio análisis sobre las tendencias del ser humano, y a éstas nos referiremos ya que, entendemos, son de importancia para la consideración de las relaciones en las organizaciones.

Por lo tanto, hay un elemento común a todos nosotros que es el miedo. Lo tenemos frente a situaciones físicas o ante cuestiones psicológicas que nos hacen temer la posibilidad de perder o sufrir algo. Algunas personas temen más, otras, menos. Pero en una empresa, además del miedo al despido -que es la pérdida mayor-, hay miedo a no ser reconocido, a no obtener un ascenso o una transferencia deseada, a ser maltratado; miedo, en fin, a sufrir perjuicio dentro de la situación en que cada uno se encuentra.

Otro elemento que compartimos en distinta proporción es la envidia. La envidia son celos de a dos, aunque también ha sido definida por Helmut Shoeck[1] como una emoción acerca de algo que en realidad no nos importa, pero nos da rabia que otro lo tenga. En todo caso, los celos nacen cuando somos pequeños, y la psicología los ha estudiado largamente. Es inevitable sentir celos o envidia; no obstante, en cada persona tienen un origen y una intensidad diferentes.

Ambos grupos de elementos, el miedo y los celos-envidia, influyen en nuestra vida dentro de la organización y nos hacen actuar de distintas maneras, así como recibir diferentes tratos. Ser envidiado es una de las posiciones más peligrosas que una persona pueda sufrir.

Pero, además, cada persona tiene tendencias personales comunes al género humano, en mayor o menor equilibrio. Hemos discriminado cuatro tendencias básicas que son útiles para el análisis organizacional, aunque no haya una clasificación psicopatológica específica idéntica:

1. Tendencia esquizoide
2. Tendencia paranoide
3. Tendencia narcisista
4. Tendencia obsesiva

CAPITULO 2

LA ORGANIZACION

Una organización es la actividad de un grupo coordinado por procedimientos explícitos, para conseguir objetivos específicos.

Se han desarrollado teorías sobre las organizaciones, haciéndose aportes parciales o globales, que influyeron en las empresas. Los tiempos de aplicación de estas teorías no han sido lineales: en el mismo momento algunas empresas han estado muy adelantadas, mientras otras se mantenían dentro de esquemas anteriores.

Las teorías comenzaron a manifestarse a fines del siglo XIX y principios del siglo XX. Después de la Primera Guerra Mundial se intensificó el estudio de las organizaciones y se realizaron investigaciones al respecto. Un nuevo período se desarrolló después de la Segunda Guerra Mundial, proponiéndose otros enfoques sobre la organización y, en especial, sobre la motivación. (Este punto lo trataremos en el capítulo sobre motivación.) Finalmente, a mediados de la década de 1980, la explosión tecnológica influenció en forma notable las organizaciones y produjo nuevas aproximaciones a este tema.

El desarrollo del concepto de organización y la aproximación teórica y práctica al mismo, se produjo a lo largo de cuatro etapas, empezando por Taylor.

Formas de organización.

La organización funcional, que es la más simple y que sirve para las empresas que no tienen dificultades de territorio o producto

La organización divisional que se ha desarrollado para empresas que tienen dificultades de territorio o de producto

La organización matricial que es útil para llevar a cabo proyectos

La organización en red que sirve para trabajar en forma menos estructurada y con relaciones más independientes

La distinción entre línea y *staff*

Los conceptos de línea y *staff* tienen tres acepciones diferentes, y son las siguientes:

- En algunas empresas o en algunos países se llama *staff* al grupo de personas que trabaja para un jefe. El supervisor dirá habitualmente "mi *staff*" refiriéndose a ese grupo de personas.
- La palabra "línea" define la relación jerárquica entre un supervisor y su supervisado. En este sentido se dirá que es una responsabilidad de la línea motivar al empleado, o que es la línea la que realiza la evaluación de desempeño.
- La tercera acepción es la que describe una relación que existe en todas las organizaciones. En éstas hay dos tipos de grupos: la línea y el *staff*. La distinción entre uno y otro es que la línea decide y el *staff* asesora.

CAPITULO 3

RECURSOS HUMANOS

Recursos Humanos es la disciplina que estudia las relaciones de las personas en las organizaciones, la relación entre las personas y las organizaciones, las causas y consecuencias de los cambios en ese ámbito, y la relación de ambas con la sociedad.

En las empresas, RR.HH. es el área dedicada a los temas que tienen que ver con las personas. Es una función *staff*, es decir, asesora, y como tal su responsabilidad es la de dar consejo, ayudar y proveer herramientas a la línea para que ésta actúe. Pero no es responsable por la relación, porque es el supervisor cada nivel el que mantiene la relación cotidiana y, por lo tanto, quien la puede mejorar o empeorar con actitudes o gestos que están fuera del alcance de RR.HH. Tampoco es su responsabilidad el índice de accidentes, ya que es la línea la que puede llevar al trabajador a niveles de cansancio que lo hagan accidentable y es la línea la que establece los métodos de trabajo, que pueden ser riesgosos. Frente a estas y otras situaciones, RR.HH. tiene el poder de llamar la atención sobre ellas, de asesorar para que no se mantenga determinada tendencia, para acercar especialistas que ayuden a mejorar las condiciones, pero no puede ser responsable y no puede formar parte de sus objetivos que el conflicto se reduzca o que ocurran menos accidentes.

La función de RR.HH. ha cambiado con el tiempo. Se inició como una actividad de control en el área de la administración, que era llevada adelante por un hombre de confianza del patrón. Él era el encargado de los empleos, de las bajas y de los pagos. A esta función se le agregó, a fines del siglo XIX, la evaluación de tareas introducida por Taylor en la Midvale Co., en 1880. Pero esta tendencia no prosperó tanto en el área de las remuneraciones como la del estudio del trabajo y quedó, por lo tanto, dentro de la función de ingeniería.

A principios del siglo XX se inició también la técnica de evaluación de desempeño, que se llevó a cabo por primera vez en los vendedores del gobierno y en el ejército de los Estados Unidos en 1916. Luego, el Acta de Clasificación de 1923 estableció la manera en que se haría la evaluación en todo el gobierno.

Pero esa función, que se describió más tarde como de mayordomo, no cambió por eso. No obstante esto, el encargado de personal seguía siendo un hombre de confianza del patrón y, como tal, era el que disponía los controles y las penas. No era querido.

La primera modificación de la función se debió a que algunos encargados, conociendo las dificultades por las que pasaban operarios o empleados, le presentaban la cuestión al patrón para que ayudara al que estaba necesitado. La repetición de estos hechos fue conformando una aproximación al tema de las personas que luego se denominó "paternalismo", y que la doctrina apoyó en esa época y detractó en la segunda mitad del siglo XX. Sin embargo, el mayordomo bueno del paternalismo no había desarrollado otras aptitudes.

Los avances en la doctrina del *management*, que debieron haber influido en la función en esa época, no lo hicieron. Fayol o Weber seguramente eran desconocidos para la mayoría de los encargados de personal. Las experiencias de El-ton Mayo tampoco modificaron la situación, ya que lo que adoptaron las empresas fue el "como si". Es decir que de la Escuela de Relaciones Humanas que surgió a partir de Mayo, el trato hacia los empleados era "como si" el gerente se preocupara por ellos. De ahí la alfombra, la llave del baño, la palmada en la espalda, etc. Pero esto no modificó la relación, sino que la hizo más hipócrita.

La función comenzó a cambiar con la Escuela de Administración de Personal que se inició en Gran Bretaña luego de la Segunda Guerra Mundial. Esta escuela reúne un conjunto de elementos técnicos que, afirma, son los que se deben utilizar para las relaciones con el personal en la empresa.

La organización de Recursos Humanos tendrá la forma que aconsejen el tamaño de la empresa y la contratación de servicios. Hoy en día la liquidación de sueldos suele estar tercerizada, es decir, contratada con un tercero. Algo similar ocurre con la selección del personal. Es habitual que la capacitación esté coordinada por alguien interno, pero que la realicen capacitadores externos. Si hacemos una encuesta de cultura o de opinión, es probable que la contratemos con alguien externo, de la misma manera que si realizamos un proceso 360. Si la empresa es pequeña, probablemente tenga un jefe y un asistente. Si hay varios lugares de cierta importancia, tendrá una organización donde el hombre de RR.HH. de la planta dependerá en línea de ésta, pero en *staff* lo hará del gerente de RR.HH. Éste será quien le fije las políticas, quien lo atienda en el día a día en tanto esto no contradiga las políticas. Al gerente de RR.HH. reportarán el jefe de Remuneraciones, el jefe de Desarrollo y cada uno de los jefes de los temas que no estén tercerizados.
Quien está bajo una doble dependencia tiene la difícil tarea de mantener el día a día dentro de las políticas sin que se produzcan conflictos entre el gerente de Planta y el gerente de la función, en este caso RR.HH. En numerosas ocasiones ésta es una tarea muy difícil. Lo mejor que puede hacer el especialista de RR.HH. de planta es ayudar en todo lo posible a que las relaciones entre sus dos jefes sean amables. En caso de conflicto, corre el riesgo de ser el punto más débil de la cadena.

La empresa es una estructura de poder. El ejercicio de ese poder da lugar, entre otros elementos, al *management*. El estilo de *management* tiene una influencia directa y decisiva en la función de Recursos Humanos.

Desde otro punto de vista, en una organización, aunque la interacción es hoy mucho mayor que en cualquier otra época, la realidad es que cada uno de los componentes de las funciones de producción, finanzas, compras, marketing, ventas, etc., están ocupados y preocupados por las tareas y los problemas específicos de su especialidad, aunque entre ellos está el personal que forma parte de sus equipos. Recursos Humanos no tiene otra ocupación que los empleados y lo que les concierne, lo cual le deja las manos libres para dedicarse de lleno a lo que los otros sólo pueden hacer parcialmente, por muy importante que sea.

Por otra parte, la relación entre la filosofía del *management* y los recursos humanos es muy estrecha. En realidad, RR.HH. es una de las maneras en que esa filosofía se concreta. El análisis de las políticas que se tengan respecto de las personas no sólo es una definición del especialista, sino, básicamente, una definición de la gerencia de la empresa, ya que su realización incide profundamente en la vida cotidiana de los grupos de trabajo.

La cuestión del planeamiento estratégico de los Recursos Humanos ha pasado por diferentes etapas, algunas de las cuales seguramente se mantienen en distintas empresas, ya que los cambios nunca son lineales ni universales.

- En una primera etapa, la dirección de la empresa consideró que en el planeamiento estratégico los recursos humanos no se tomaran en cuenta y que el especialista en RR.HH. no interviniera en el proceso. En esta posición, como en otras, hay una creencia de que las personas harán lo que se les diga, sabrán cómo hacerlo y, si se resistieran, serán despedidas.
- En una segunda etapa, se tomó en cuenta la existencia de los recursos humanos, pero bajo la misma creencia y sin la intervención del especialista.
- Más adelante, se contempló el tema de los recursos humanos y se hicieron planes sobre ellos, aunque sin la

intervención del especialista.
- Finalmente, se llegó al punto de tomar en cuenta los RR.HH., con intervención del especialista.

De hecho, todo planeamiento estratégico implica a las personas que tendrán que llevar adelante los proyectos. Las disquisiciones acerca de la necesidad o inutilidad de la consideración de los recursos humanos o de la intervención del especialista en el tema, en las empresas, son puramente políticas. La intención final es usar el poder para hacer lo que se quiera y no lo que resulte más adecuado. No se puede pensar en llevar adelante una estrategia sin el personal necesario en cantidad y debidamente entrenado, todo ello en los momentos y lugares adecuados. El hecho de que se haya trabajado de esa manera, o de que aún se trabaje de esa manera, no justifica la decisión de hacerlo.

El objetivo de Recursos Humanos, cuando está en una posición de *staff,* es colaborar con la línea para garantizar el empleo, el desarrollo y la retención de los recursos humanos necesarios, en el marco de las estrategias de la empresa y de acuerdo con esas necesidades, manteniendo el conflicto al nivel más bajo posible en cada caso.

Distintas funciones

La descripción de las funciones que lleva a cabo RR.HH. en la empresa es diferente según cómo se las quiera categorizar. Se propone a continuación una de las maneras en que pueden presentarse.

Función empresarial: tiene por objetivo desarrollar una visión de la empresa como sistema socio técnico; comprender la estructura administrativo-financiera y su contexto económico-social; comprender su influencia en la estructura humana; desarrollar capacidades para utilizar estrategias y técnicas de su área profesional con mayor grado de certidumbre sobre la interrelación de ambas estructuras.

Función de interrelación: tiene por objeto el desarrollo de las intervenciones planeadas en los procesos de la organización para una mejora de su efectividad global.

Función de investigación y métodos: tiene por objeto lograr la capacidad para determinar sectores laborales que exigen nuevas respuestas, concretar su estudio, evaluar los resultados y crear las condiciones para soluciones profesionales y científicas en decisiones y asesoramiento; lograr una metodología científica; una mejora en la estructura del pensamiento, de la percepción de la realidad y de la sensibilidad global.

Función cultural: tiene por objetivo interpretar la subcultura empresaria en el marco de los problemas sociales con capacidad para analizar a la luz de las variables ideológicas económicas, políticas y culturales, las experiencias humanas que afectan el sector a su cargo.

Función de administración de personal: tiene por objeto reconocer, administrar y evaluar las técnicas y métodos de administración del área, como parte de las estrategias generales de la empresa y de acuerdo con las conclusiones a que haya arribado en los puntos anteriores.

Para que la estrategia de Recursos Humanos sea exitosa podemos afirmar, entonces, que debe ser eficaz y lograr la confianza de los empleados a todos los niveles. Para esto, cada especialista en RR.HH. tendrá que tomar las decisiones según el caso. Sin duda, la capacidad para asesorar adecuadamente, la habilidad política y la honestidad en las relaciones son elementos importantes para el éxito de Recursos Humanos, que puede ser parte de la estrategia de la empresa si se confía en la persona y en el grupo que está a cargo del tema.

Recursos Humanos será objeto de la auditoría contable general de la empresa. Pero puede hacerse también una auditoría especializada. Esto es menos común de lo que se dice.

La filosofía

El primer punto en una auditoría es la consideración de la filosofía de Recursos Humanos. En realidad, lo que estaremos considerando es la filosofía de la empresa respecto de sus recursos humanos.

Las políticas

La existencia de políticas, y el conocimiento real que el personal tenga de éstas, nos dirá mucho sobre la filosofía de la empresa respecto de sus miembros.

Las técnicas

Cada una de las técnicas de Recursos Humanos - selección, evaluación de tareas, administración de remuneraciones, etc.- pueden existir o no en la empresa. Por otra parte, si existen, es posible que se cumplan o no, o, incluso, que sean secretas.

Preguntas

- ¿Cree que el hombre es libre? ¿Por qué?
- ¿Cuáles serían las consecuencias si el hombre no fuera libre?
- ¿Cuánto tiempo se dedica a meditar en nuestro tiempo?
- ¿Cuánto nivel de personalización, cree usted, tienen las

personas que conoce?
- ¿Cuánto influye en la empresa el hecho de que las personas tengan un buen nivel de personalización? ¿Por qué?

- ¿Para qué sirven cada uno de los cuatro modelos de organización?
- ¿Cuál cree que está más en uso hoy día? ¿Por qué?
- Si empezara una empresa, ¿qué tipo de organización usaría? ¿Por qué?
- ¿Cree que Weber tenía razón?
- ¿Cuál de las teorías le parece más adecuada? ¿Por qué?
- ¿Ha tenido experiencia sobre la relación del *staff* y la línea?
- ¿Cree que el *staff* suele invadir el territorio de la línea?
- ¿Cree que la línea tiende a dejar la decisión en manos del superior jerárquico?

CAPITULO IV

COMPORTAMIENTO ORGANIZACIONAL Y COMPORTAMIENTO INDIVIDUAL

El comportamiento organizacional

El comportamiento organizacional se considera una ciencia sin definición que abarca los elementos concernientes a la relación de las personas y los grupos en la organización.
Al respecto, se puede decir que:

1. Es una ciencia aplicada.
2. Es normativa y centrada en valores.
3. Es humanística y optimista...
4. Está preocupada por el medio en su totalidad.
5. Cree en el uso de los grupos.
6. Esta a favor de la participación.
7. Está preocupada por el desarrollo de habilidades para la acción interpersonal.
8. Considera a la organización como un sistema total.
9. Es un proceso permanente hacia el cambio gerencial.

El comportamiento individual presenta varios aspectos. Los más importantes se detallan a continuación.

Actitud

La actitud es la exteriorización de creencias y sentimientos. Las personas manifiestan actitudes positivas o negativas frente a las cosas; pero en realidad no hay acuerdo sobre lo que es actitud y, en general, se tiende a definirla más bien a partir del tema del cambio de actitud.
La actitud positiva de una persona respecto de su trabajo ayuda a la relación, hace que actúe del modo que, según su

parecer, será mejor; que mire la parte llena de la botella y que busque soluciones a los problemas que se le planteen. Lo difícil es establecer cuándo una persona tendrá una actitud positiva y cuándo negativa.

El cambio de las actitudes es el tema central. Por lo pronto, éstas se cambian sobre la base de nueva información o de alguna experiencia que modifique las
creencias, el pensamiento o las emociones. Hay algunos factores que influyen para que esto suceda. Así, existe acuerdo en que facilitan el cambio de actitud los siguientes elementos:

1. Credibilidad.
2. Confianza.
3. Atracción.
4. Presencia física.
5. Independencia de criterio de quien habla.
6. Amplitud de la divergencia.
7. Situación del receptor.

Satisfacción

La satisfacción está relacionada con el cumplimiento de las expectativas. Una persona con expectativas muy altas estará insatisfecha hasta que las pueda cumplir. En cambio, si sus expectativas están más de acuerdo con su situación, entonces se sentirá más satisfecha

En la relación entre satisfacción y actitud, la tendencia es a tener una actitud positiva cuando estamos satisfechos y negativa si nos sentimos insatisfechos.

En el campo de la empresa, se debe considerar que no hay correlación entre satisfacción y rendimiento. Una persona satisfecha puede rendir bien o no. Una persona que rinde bien puede estar satisfecha o no. Alguien que no ha conseguido lo que esperaba de su trabajo puede hacerlo con más ahínco para lograr ese resultado; en cambio, alguien muy satisfecho puede ser absolutamente ineficaz.

En consecuencia, parece que no tiene mucho sentido trabajar desde la organización para lograr la satisfacción de los empleados ya que, en definitiva, no está en relación con los resultados.

Ahora bien, si la satisfacción no tiene correlación con los resultados y si el uso de preguntas sobre el tema en las encuestas no es realmente útil, ¿para qué buscamos que las personas estén satisfechas y cómo detectamos la falta de satisfacción? En primer lugar, hay que distinguir entre resultados y ambiente. Es cierto que el buen ambiente entre las personas no asegura buenos resultados, pero no hay duda de que el conflicto garantiza malos resultados. En consecuencia, mantener bajo el nivel de conflicto es una buena base para trabajar, a partir de allí, en busca de buenos resultados. En segundo lugar, lo relevante no es detectar la satisfacción sino el conflicto.

Estados de ánimo

En el trabajo, la satisfacción y los estados de ánimo están muy vinculados a lo que va ocurriendo a lo largo de la jornada. El hecho de que las cosas salgan bien, de que el supervisor felicite de alguna manera al empleado, de que un trabajo se termine con éxito, trae los ánimos a un campo positivo y de satisfacción. Lo contrario fácilmente puede llevar los ánimos a un campo negativo, de decaimiento o de agresión.

El estado de ánimo cambia pero la tendencia permanece, y las personas con buen estado de ánimo se preocupan porque la tarea esté bien hecha, atienden mejor al cliente y tratan de cumplir su trabajo de la mejor manera.

Lealtad

Otro elemento del comportamiento es la lealtad. Lealtad significa compromiso; quiere decir que el empleado se siente parte de la empresa, "tiene puesta la camiseta".

Dedicación

Dedicarse significa ocupar la mente y el tiempo en algo. La persona dedicada tiene una actitud favorable hacia su objeto de dedicación. Cuando ese objeto es una organización, la persona da tiempo de su vida a su trabajo, y su trabajo es una parte importante de ella.

Estas cinco cuestiones, las actitudes, la satisfacción, los estados de ánimo, la lealtad y la dedicación, tienen su disparador en la empresa en dos acciones básicas:

1. Las políticas de la empresa.
2. El trato que la persona recibe.

Conformidad *versus* creatividad

Conformidad es aceptar el hecho de estar en un grupo. La conformidad depende de las características individuales de la persona así como de las características del grupo y de la relación entre ambos. Si consideramos estas tres cuestiones, podremos ver que:

1. Las características de la persona se centran en el sexo y en la nacionalidad.
2. Las características del grupo se definen por su tamaño, es decir, la cantidad de personas que lo conforman, y por la unanimidad o acuerdo que haya entre ellas.
3. En la relación entre ambos, el tema depende de:

- la interdependencia del individuo y del grupo para lograr recompensas,

- el grado de atracción que el grupo ejerce sobre el individuo,
- el grado de aceptación que el individuo percibe por parte del grupo, y
- la jerarquía que el individuo tiene en ese grupo.

Rotación

La rotación es un fenómeno que da indicios sobre qué está ocurriendo con las personas en la organización. En RR.HH. llamamos rotación al movimiento de ingreso y egreso de personas en la empresa. Los ingresos son producto de la decisión de la empresa, mientras que los egresos pueden ocurrir por decisión de ésta, del empleado o por muerte.

El índice ideal es cero. Es decir, no hubo ningún movimiento.

Los movimientos se deben, como dijimos, a decisiones de la empresa y a decisiones de terceros. Respecto de las primeras nos resultará fácil determinar las causas. Por ejemplo, los despidos podrán ser analizados y ver:

1. si realmente el caso justificaba la decisión tomada;
2. si no hay una cierta tendencia a favor del despido;
3. si no se está haciendo mal la selección y esto termina en la ineficacia de los empleados.

Ausentismo

El ausentismo es un fenómeno que aporta datos sobre qué puede estar ocurriendo con los individuos en la empresa. Es un elemento que se debe a una gran variedad de causas. Algunas son parte del contrato de trabajo, tales como vacaciones, licencia por maternidad, permisos por estudio o de otro tipo, estipulados por ley o contrato colectivo de trabajo. Otras, en cambio, pueden emanar del trabajo o no tener que ver con él, como enfermedad, accidente, problemas familiares, dificultades de transporte, problemas de fuerza mayor, trámites.

.Los índices de ausentismo nos indican cómo varían las dificultades de nuestros empleados y nos permiten analizar qué las originan. De esta manera podemos hacer correcciones. Pueden estar relacionadas con las condiciones de trabajo, con la motivación del personal, con remuneraciones que llevan a los trabajadores a hacer tareas extras, con un deficiente control médico o con las causas específicas que surjan en el lugar y el momento.

Si podemos detectar correctamente estas causas, estaremos en condiciones de corregir la situación y mejorar la asistencia de los empleados. Su ausencia siempre produce dificultades en los procesos de trabajo y en las relaciones entre el personal y con los supervisores.

Disciplina

La gerencia hace uso de la disciplina para mantener los estándares organizacionales vigentes. La disciplina puede ser preventiva, cuando trata de anticiparse a alguna falta, o correctiva, cuando, se trata de punir una falta cometida.

Para considerar el tema, hay que profundizar la distinción entre la disciplina preventiva y la disciplina correctiva. La primera busca que las personas respeten, los estándares de comportamiento de la organización. Para esto hay que mantener un buen proceso de comunicación de las normas y de los valores de la empresa, ya que la intención final es alcanzar la autodisciplina, con lo cual el mismo individuo es quien se regula y, por lo tanto, no se requiere llegar a la etapa correctiva. El propósito de la segunda es corregir, mediante las llamadas medidas disciplinarias, alguna falta del empleado. Para llegar a este punto es importante que estén claras las siguientes cuestiones:

1. El empleado fue comunicado acerca de las normas atinentes al tema en cuestión.
2. El hecho ha sido constatado claramente.
3. Las razones del hecho han sido establecidas.
4. Estos puntos han sido tratados con el empleado.

El control

El tema de la disciplina se relaciona estrechamente con el del control. Los controles establecen parámetros de actitud respecto de la disciplina y también respecto de la confianza en el empleado.

El control más tradicional es el de entrada y salida, o reloj-control. Esto permite conocer el cumplimiento del horario y si se han hecho horas extra. También da pie a una extensa burocracia de inspección del control, su resumen y su aplicación a la liquidación de sueldos y jornales. En general, el personal administrativo no está sujeto a éste, aunque lo estuvo. A fines del siglo XIX todo el mundo fichaba el reloj-control. Luego, se exceptuó a los gerentes. Posteriormente, también al personal de alto nivel inmediato y, por último, a todos los integrantes del sector administrativo, aunque en algunas empresas el personal de más bajo nivel en la escala aún tiene que fichar en el reloj.

La realidad es que se puede vivir perfectamente sin el reloj de control.

CAPITULO V

GRUPOS, COMUNICACIÓN Y CULTURA

Los roles de las personas

Se dice que rol es el conjunto de actividades y comportamientos que desarrolla una persona que ocupa determinada posición. En la empresa existe una gran variedad de roles. En general, hay una relación entre ellos, que surge de los procesos y se explicita en la descripción de las tareas. Al tratar de ellas veremos la forma de establecer el rol. Después, en la evaluación, analizaremos cómo se producen las relaciones jerárquicas entre roles y cómo las expectativas de relación entre roles ocasionan logros o dificultades.

Hay roles complementarios. Esto se puede definir a dos niveles diferentes. Uno es el organizacional, donde podemos decir que el rol del que envía la información sobre una hora extra se complementa con el de quien liquida los sueldos, o que el rol del vendedor es complementario del distribuidor y así sucesivamente.

El otro nivel es el de los roles complementarios a nivel psicológico, lo cual influye en la organización. Así, por ejemplo, un rol complementario típico es el de quien trata mal y quien es maltratado. De diferentes maneras, esto es causa de conflictos dentro de la organización.

Lo privado y lo público

Un problema cada vez más complicado en el mundo actual es establecer el límite entre lo privado y lo público. De hecho, a través de las múltiples bases de datos existentes todos estamos expuestos.

Respecto de las empresas, las personas deben dar muchos datos de sí mismos y de sus familias. Sin embargo, tienen derecho a la confidencialidad de esos datos, a revisar lo que figura en su legajo para poder objetarlo o a que los datos de antiguos empleados sean destruidos. Debe haber transparencia acerca de qué datos maneja la empresa.

Diversidad y violencia

La diversidad no tiene en sí misma nada de particular en tanto no produzca discriminación. En verdad, es la sociedad la que define que personas con ciertos rasgos o nivel de trato no puedan ocupar puestos para los cuales tienen las habilidades necesarias. En términos generales, toda persona que salga de ciertos parámetros sociales relacionados con los prejuicios más que con la realidad es discriminada. La discriminación es una forma de violencia, pero no es la única en una empresa. Además, hay violencia en las relaciones entre pares

Acoso sexual
El acoso sexual es una forma de violencia llevada al terreno del sexo. Hay una tendencia a no declararlo para no quedar en una posición incómoda en el lugar de trabajo o, incluso, no generar comentarios o dar pie a opiniones tales como "de la manera que se viste", "como se mueve", etc. O sea, la mujer que denuncia un acoso puede verse inmersa en medio del machismo, por supuesto en contra de ella.

Claro que también puede ocurrir que haya acoso sexual por parte de una mujer.

Calidad de vida en el trabajo

La calidad de vida en el trabajo se refiere a las condiciones del ambiente laboral en todos sus aspectos respecto de las personas. Un ambiente de trabajo puede ser malo para la calidad de vida por:

1. Condiciones físicas inaceptables de luz, aire, ruido,

etcétera.
2. Maltrato a las personas por parte de los jefes.
3. Exigencia excesiva respecto de los resultados.
4. Grupos de personas que subestiman o maltratan a otro.
5. Tipo de trabajo desmotivante.

Igualdad de oportunidades

Igualdad de oportunidades en la empresa

La base de la igualdad de oportunidades en la empresa es la equidad. Esto no significa que a todos se les dé lo mismo, sino algunas cuestiones básicas tales como:

1. un sistema de selección que asegure el ingreso del mejor candidato para el puesto,
2. un sistema de remuneraciones que pague con coherencia interna y con coherencia externa,
3. la posibilidad de ocupar nuevos puestos, de ser promovidos, la información adecuada, es decir, lo vinculado con su puesto, con su persona y con la situación de la empresa,
4. beneficios otorgados sobre bases conocidas y equitativas,
5. trato justo en los casos de indisciplina,
6. un trato adecuado en casos de ajuste, según la antigüedad y la situación familiar y personal,
7. igualdad de oportunidades para capacitarse,
8. cumplimiento de las leyes,

10. equidad en el otorgamiento de premios y aumentos,
11. que no se discrimine por ninguna razón.

Igualdad de oportunidades en la sociedad

La igualdad de oportunidades en una sociedad parte de las diferencias que existen entre quienes han nacido bajo distintas circunstancias. La larga lista incluye diferencias respecto de los padres, hermanos, familiares, país, región donde puede nacer una persona. La igualdad de oportunidades no significa pretender borrar estas diferencias, que tienen que ver con el hecho de ser una persona entre personas. El asunto es qué diferencias existen y en qué grado.

La primera cuestión, entonces, es que un niño, todos los niños, tengan:

- una adecuada alimentación,
- una vestimenta y casa según el país en que viven,
- una cobertura de salud,
- una misma posibilidad de estudiar.

Una sociedad debe dar, por lo menos, estas posibilidades iguales a todos.

Ajuste

Las empresas deciden, en ocasiones, hacer ajustes de personal.

Los ajustes, en general, se hacen por razones de costo. No es ajuste el despido o el acuerdo negociado de salida de una persona que no está rindiendo en su puesto o que ha caído en sucesivas faltas de disciplina.

El mayor problema en las acciones de ruptura por parte de la empresa es la ruptura de la confianza. Hay diferentes formas de ajuste. Consideraremos los más usuales.

Despido

En este caso la empresa toma la acción de despedir a un grupo de personas. En general, se paga un plus por encima de lo que la ley dispone para disminuir el impacto.

Plan voluntario de retiro

En este caso se establecen condiciones que, comúnmente, están relacionadas con la antigüedad en la empresa y que tienden a mejorar las sumas de despido por ley, ya que si no las personas no adhieren al plan. En general, se suele ejercer presión para que esto suceda.

Si se desea manejar el tema del costo del plan de retiro, se puede reducir personal entre quienes tengan hasta diez años o quince de antigüedad; o la suma que implique que los costos de pago no serán muy altos.

Renuncia

En este caso se invita a quien quiera retirarse a conversar sobre las condiciones particulares bajo las cuales aceptaría irse.

Jubilación adelantada

Cuando la persona está próxima a la edad jubilatoria, por ejemplo a tres años, se establecen sistemas que disponen una suma para cubrir un porcentaje de los sueldos de ese periodo y los aportes faltantes para tener derecho a jubilarse.

Ajuste incruento

El ajuste incruento es aquel que no supone la pérdida del empleo. Como estamos hablando de grupos de personas, no es fácil considerar su traslado a otra localidad de la empresa, suponiendo que ésta tuviera distintas locaciones y que allí se necesitara nuevo personal.

LOS GRUPOS

Comportamiento grupal

Organización informal (los grupos pequeños)

Las personas solemos manejarnos en relaciones de a dos o en grupos pequeños, aun en grandes empresas donde parecería que los vínculos se establecen en grupos numerosos.

Los grupos se pueden dividir en formales e informales, y también en permanentes o temporales.

Los formales están determinados por la organización. Los informales, en cambio, surgen por iniciativa de las personas en función de intereses propios. Quien lidera esos grupos no recibe el poder de su jefe sino, generalmente, de sus pares. La organización informal es una red de relaciones sociales y personales que no es establecida ni requerida por la organización formal.

Las organizaciones informales nacen sustituyendo a la organización formal en aquello que ésta no les da, por ejemplo:

1. Un sistema de entrenamiento que permita realizar la tarea en forma adecuada.
2. Una relación de confianza que permita lograr el consejo que se estima como el mejor.
3. Trato adecuado por parte de los supervisores o de las políticas de la empresa.
4. Procesos perfectos.

En casos como éstos, las personas optan por relacionarse entre ellas para enfrentar la dificultad. La organización informal elige a su líder y éste es quien recibe a los nuevos, facilita la operación, ayuda a los miembros del grupo cuando lo necesiten, sanciona a quienes cometen faltas contra el grupo, es decir, actúa en forma paralela al supervisor o supervisores, ya que una organización informal no tiene por qué abarcar toda el área de un supervisor ni tampoco limitarse a ella.

Ventajas y desventajas de la organización informal

La organización informal tiene las siguientes ventajas y desventajas, a saber:
1. Provee de futuros líderes formales. Esto no suele confirmarse, porque el líder informal es en gran medida un anti líder formal, por lo que cuando le toca asumir el rol opuesto teme recibir la misma crítica que él hizo. Muchos de ellos fracasan por ser muy exigentes y temerosos

2. Ayuda al administrador a cumplir con la tarea. En realidad no está ayudándolo sino que lo está sustituyendo, lo que implica una pérdida de autoridad y de posibilidad de manejo. La autoridad pasa al líder informal.
3. Da comunicación y pertenencia a los empleados, y en este sentido resulta un elemento de catarsis, de estabilidad y de cohesión.
4. Permite una planificación más cuidadosa. El administrador que reconoce su existencia cuida más el uso de su autoridad, o sea que está restringido no por propia convicción sino por la organización, que se le enfrenta y lo limita.
5. Es un centro probable de conflicto con la organización formal, ya que los objetivos seguramente no serán los mismos, ni tampoco las normas.
6. Puede convertirse en un centro de conformismo, en un

foco de críticas a los procesos actuales, a los supervisores o de quejas en general.

. **Organización formal (los grupos pequeños)**

Las organizaciones formales pueden ser básicamente de dos tipos:

1. la organización matricial
2. el equipo de trabajo.

Respecto de los equipos de trabajo, Kurt Lewin opina que:

1. Favorecen el cambio.
2. Favorecen la toma de riesgos.
3. Favorecen la creatividad.
4. Permiten la participación de todas las partes involucradas en un tema.
5. Permiten tomar decisiones.
6. No es creativo por sí mismo,
7. tiende a mantener el *statu quo,*
8. es lento,
9. no se enfoca,
10. diluye la responsabilidad cuando las cosas no andan bien,
11. inhibe la expresión de algunos componentes del comité,
12. tiene problemas por falta de agenda, falta de información completa o de presencia de los participantes,
13. es lento para tomar decisiones.

Equipos de trabajo

Un equipo, como señala adecuadamente Jon Katzenbach, es un grupo de cinco o seis personas que trabajan sin jefe, cada uno de una especialidad diferente, que se reúne para una tarea específica y temporaria y que se desmembra una vez cumplida esa tarea. Un equipo, en su expresión más precisa, es una forma matricial sin jefe y con constituyentes heterogéneos, útiles a distintas partes de la tarea para la que se ha formado.

En algunos casos presentan dificultades por los conflictos entre sus componentes, que, en general, solucionan entre ellos. Suelen tener uno o más líderes informales, dependiendo de la tarea de que se trate.

Estos equipos tienen baja rotación, bajo ausentismo y fuerte nivel de compromiso.

Desde luego que conformarlos requiere tiempo de entrenamiento, un proceso de cambio en la organización y, seguramente, más costos salariales. Puede ocurrir también que haya personas incapaces de trabajar en equipo.

Trabajar en equipo

En nuestros días es habitual escuchar que hay que trabajar en equipo, que se requieren personas que trabajen en equipo, que el trabajo en equipo es fundamental para alcanzar resultados. Sin embargo, cuando se investiga un poco más acerca de esta afirmación, se encuentra que se llama trabajo en equipo al que se realiza con alto nivel de cooperación y bajo nivel de conflicto en un grupo de trabajo organizacional dentro de los esquemas habituales.

La diferencia es evidente. Mientras trabajar en equipo era el caso que vimos anteriormente, éste es simplemente el hecho de trabajar sin causar problemas en los procesos, a las personas y, en general, a la organización. Hay que distinguir entre un caso y otro para no confundirse y para no llamar a confusión a quienes se ocupen de la selección de personal. También para distinguir en un departamento o sector de una organización cuándo se pretende imbuir el espíritu de trabajo en equipo y cuándo, en realidad, se necesita trabajar coordinadamente. El caso de los equipos deportivos, utilizado muchas veces para establecer una comparación con un grupo gerencial, tiene elementos comunes, en especial respecto de los roles y de la motivación. Pero cada jefe hace su trabajo independientemente del otro, aunque en forma coordinada, y su relación no es tan cercana como en el caso de los equipos deportivos o de los equipos operativos de producción.

Creatividad grupal

La creatividad se manifiesta en ejercicios diseñados para aprovechar la sinergia de las mentes reunidas. La inspiración que produce la acción conjunta al despertar imágenes e ideas sepultadas es la base de la creatividad grupal.
La homogeneidad dentro del grupo permitirá llegar a decisiones más fácilmente y de manera menos conflictiva que la heterogeneidad. Si esta condición no permitiera una discusión abierta y directa, hay que recurrir al trabajo en grupos más reducidos, juegos, o algunas de las técnicas descriptas a continuación.
La idea en todos estos casos es que de la acción de las personas surjan modificaciones aplicables a la realidad que aumenten o supriman elementos conflictivos.

Relaciones entre grupos

Para considerar este tema mencionaremos las relaciones que se dan más comúnmente entre grupos en la sociedad y, a continuación, las que las que se manifiestan con más frecuencia en la empresa. Estas son las siguientes:

1. Las relaciones entre grupos dependen de las relaciones en el grupo.
2. En general, los grupos heterogéneos son más que los grupos con homogeneidad interna, confrontados.
3. Los grupos de mayor *status* tienden a discriminar a los grupos de menor *status*.

4. Los grupos de menor *status* discriminan a los grupos de *status* mayor.
5. Los grupos homogéneos son discriminatorios respecto de otros grupos homogéneos.
6. Cuando un grupo percibe que otro tiene opiniones homogéneas tiende a ser más agresivo con él, y menos agresivo si percibe divergencias.
7. La hostilidad hacia otros grupos aumenta en la medida en que algunos de sus miembros consiguen influenciar a los miembros del grupo opuesto.
8. Cuanto más predispuestos estén dos grupos a considerar al otro como más hostil, mayor será la cantidad de miembros que sentirán hostilidad hacia el grupo opuesto. Puede ocurrir que este sentimiento se mantenga de por vida aunque los miembros de ambos grupos jamás entren en contacto.
9. No es tan claro qué ocurre cuando una persona de nivel alto se compara en el grupo. En las experiencias sociales se ha visto que estas personas se consideraban a sí mismas por encima de las demás. En las experiencias en la empresa, sin embargo, habitualmente las personas se evaluaban por debajo de las evaluaciones de las demás.

10. La proximidad favorece la competencia y la agresividad, y la lejanía la disminuye.
11. La agresividad aumenta cuando los grupos compiten por tareas similares.
12. La participación en procesos relacionados aumenta la competitividad entre grupos.
13. La competitividad aumenta entre un grupo de servicios y un sector de la empresa

14. Un grupo con prestigio tiende a ser agresivo con los demás grupos de la empresa.
15. Un grupo desprestigiado tiende a ser agresivo con los

demás grupos de la empresa.
16. Un grupo con fuertes creencias acerca de la operación que maneja es agresivo con los grupos que no tienen esas creencias. Esto puede ocurrir respecto de calidad, velocidad de respuesta, relaciones, etcétera.
17. Los grupos en los sectores centrales de la organización tienden a ser agresivos con los grupos que no están en los sectores periférico.
18. Los grupos gerenciales homogéneos son agresivos con los niveles inferiores. La respuesta de estos niveles tiende a ser proporcional a la agresividad recibida.

Conflicto organizacional

Conflicto es lucha. Cuando el conflicto se plantea en el interior del hombre, se trata de una situación en que dos o más posibilidades se excluyen mutuamente. En este caso, el modelo de Kurt Lewin plantea las siguientes combinaciones:

- Atracción-atracción
- Atracción-repulsión.
- Repulsión-repulsión.
- Atracción-repulsión doble:

La solución del conflicto

Lo primero que hay que asumir es que los conflictos no siempre se solucionan. Hay ciertos conflictos que permanecen por generaciones, y en una organización pueden transcurrir años sin que se modifique la situación de base.

A. En Harvard se desarrolló el método de negociación de *yes-yes* o ganar-ganar, ampliamente conocido.
B. Hay personas que evitan el conflicto aun a riesgo de quedar arruinadas,
lo cual es más común de lo que se cree.

C. Lo tercero que puede ocurrir es que se confronte con agresividad. Algunas personas consideran que una buena embestida las deja en situación favorable y que los daños colaterales se pueden enmendar después, o no.
D. La cuarta posición es exactamente la contraria. Una de las partes está de
acuerdo con lo que la otra propone y acepta sus condiciones.

La comunicación

Hay palabras que pueden llevarnos a cualquier campo. "Comunicación" es una de ellas. La intervención de muchos tipos de especialistas ha hecho que se le endilguen cuestiones que no tienen que ver con ella o, por el contrario, que se la ignore por considerar que es una de esas cosas absurdas que nada tiene que ver con los resultados de la empresa.

Comunicar es un término que proviene del indoeuropeo *mei,* que significa mover, cambiar, y de ahí al latín *muto,* cambiar, y *communkare,* poner en común, compartir.

Algunas personas sienten y creen que retener la información los pone en una posición superior; creen que a partir de esa información es que deben dar las órdenes. Lo que no advierten es que los demás tenderán a equivocarse con mayor facilidad si tienen una sola parte del plano que si lo tienen completo. Por esto lo más útil es comunicar, pero no es lo que hacemos los seres humanos en las empresas en la medida en que conviene a los procesos.

Lo que queremos significar es que el sistema de comunicaciones del ser humano es tan complejo, y en él intervienen tantos elementos físicos (sin profundizar en el tema de las experiencias y los pensamientos), que lo que obtendremos en las comunicaciones con nuestros semejantes serán malentendidos y diferencias, más que acuerdos y acciones coordinadas. Por lo tanto, debemos ser particularmente cuidadosos al comunicarnos.

El proceso de comunicación
El proceso de comunicación tiene tres partes:
1. El emisor, que es quien se expresa a través de los medios que veremos.
2. La transmisión, que es el traslado de lo que expresa el emisor.
3. El receptor, que es quien recibe la emisión en su forma final transmitida.

Analizaremos las diferentes maneras en que una persona se expresa. Veremos que puede ser clara, o bien, que la forma hace que la transmisión misma tenga los llamados "ruidos" que dificultan una buena recepción o, aun, que la impidan.

Por último, el receptor tiene también su propio punto de vista sobre el tema y tiende a interpretar la comunicación en el contexto y dentro del marco de su propio pensamiento.

Comunicación visual

La primera comunicación que establecemos es acerca de nosotros mismos, cómo somos físicamente, qué postura adoptamos, cómo vestimos.
No se trata sólo de agradar, sino también de los mensajes que transmitimos. Nuestras palabras pueden estar diciendo algo que nuestro gesto contradiga, a pesar de creer que lo ocultamos adecuadamente.
La manera en que caminamos, el movimiento de nuestros brazos, las múltiples expresiones posibles de nuestro rostro, son comunicaciones tan valiosas como la palabra, y para un observador agudo, más que la palabra misma.

Comunicación oral

La comunicación oral nos da una riqueza de información adicional que no nos da la escrita. Los tonos de voz, los titubeos, los carraspeos, transmiten información, y más todavía si la comunicación se establece cara a cara.

Comunicación escrita
La comunicación escrita permite dejar constancia de ciertos hechos, algo que la comunicación oral no hace. Ella es útil para la determinación de políticas, para los acuerdos a que se llegue de cierta importancia y duración en el tiempo. Es también un arma frente a la desconfianza que alguien nos inspire. Y es una costumbre, una forma de ser en una cultura donde se escriba.

El arte de escuchar en sentido amplio

La comunicación, junto con sus medios y métodos, es un tema infinito. Pero todo se centra alrededor de una de las actividades que no solemos practicar los seres humanos: escuchar.
Para negociar se han ensayado y desarrollado una serie de técnicas, para hacer entrevistas o manejar reuniones otras tantas, pero siempre los temas de la comunicación humana están centrados en el hecho simple de escuchar, y no solamente las palabras, sino también, y en particular, lo que las rodea.

Elementos y situaciones conflictivas en la comunicación

En la comunicación se producen distintas situaciones conflictivas conformadas por elementos que pueden ser encauzados de diferentes maneras. Vamos a analizar algunos de ellos.

La paradoja
La paradoja es una contradicción que resulta de una deducción correcta que no tiene solución.

El doble vínculo

Hay comunicaciones llamadas de doble vínculo, pertenecientes a la familia de las paradójicas, y utilizadas en las empresas muy a menudo, seguramente más de lo conveniente.
Otra forma es la del que juega con el otro.

El silencio

Una forma de comunicación muy poderosa es el silencio

Los malos y los locos

Cada vez que una cosa no anda bien, uno de estos dos conceptos se pone en práctica: el acto del otro es malo o es loco. Maldad y locura son los estados que se endilgan a quienes no siguen los parámetros, por más malos o locos que éstos sean.
En las organizaciones se puede advertir, al igual que en otros aspectos de la vida, la llamada *"follie a deux",* una relación sadomasoquista que no es simétrica sino complementaria, donde una parte fuerza a la otra a actuar en contra de lo que cree. Esta cuestión debe ser múltiple o importante, lo suficiente como para que una de las partes actúe en forma masoquista para mantener el amor o la aceptación de la otra y suficiente también para que la otra tenga aspectos sádicos que le permitan mantener esta situación. Separadas, las dos personas actúan con normalidad, solamente cuando se las reúne se presenta esta situación. Sin embargo, según su importancia y continuidad, una de las

partes puede comenzar a tener síntomas mayores de extrañamiento.

El cierre de la comunicación

Los cierres en la comunicación se producen por una variedad de razones basadas, por lo general, en el doble camino miedo-agresión: no me comunico porque tengo miedo a las consecuencias de lo que pueda ocurrir, no me comunico como una forma de agresión hacia quien me lo solicita. Lo que, por otra parte, es una forma de comunicación.

Otras formas de la comunicación

En la comunicación encontramos formas claras y ambiguas. "¿Te importaría hablar con el gerente para tratar este asunto?" es una forma ambigua de lo que realmente se está trasmitiendo: "Habla con el gerente para que te dé las instrucciones de lo que hay que hacer".
Hay formas amables, "Tenga a bien tirar la cadena", o formas duras, "Tire la cadena".
Hay formas de ataque, "El vidrio lo rompió Juan", o formas defensivas, "Yo no rompí el vidrio. Pregúntale a Juan".

Los tiempos

Toda comunicación está dentro del tiempo y los tiempos de la comunicación son parte importante de la comunicación misma.
Así como el tono con que se dicen las cosas es importante, de la misma manera lo son los tiempos, tanto por el momento en que se produce la comunicación, como por su extensión. Una comunicación puede ser inoportuna, por tardía o por temprana respecto del asunto; puede ser hecha apresuradamente o despacio; puede ser una situación en que

se usan claramente los silencios, de los cuales también depende lo que el emisor está comunicando.

El campo de las comunicaciones

Toda vez que nos comuniquemos, y en tanto vayamos adelantando en este proceso, estaremos estrechando el campo de la comunicación. De la misma manera que en la vida, cada vez que decimos algo no decimos otras cosas, y esto nos limita a no poder decir lo que le seguiría. Esto significa que en algún momento de la comunicación podemos empezar a repetir un argumento o un pedido.

La comunicación en la empresa

La comunicación en la empresa sigue los principios generales sobre comunicación. A continuación veremos algunos aspectos específicos respecto de las empresas y lo haremos en el mismo orden en que tratamos los temas de la comunicación en general.

Formas de comunicación

En una organización la comunicación puede ser horizontal o vertical.

Es horizontal cuando ocurre entre dos personas de un mismo nivel jerárquico.

Es vertical cuando se da entre personas de diferente nivel jerárquico.
La comunicación vertical puede ser ascendente o descendente. Es ascendente cuando ocurre de una persona a

otra de nivel jerárquico superior y descendente cuando acontece de una persona a otra de nivel jerárquico inferior.

Comunicación diagonal. Ocurre entre personas de nivel jerárquico diferente, donde el inferior no reporta directamente al superior, son parte de la comunicación vertical.

La comunicación en la empresa también es oral, escrita o visual. La comunicación oral tiene las características que veremos en el caso de las entrevistas o de las reuniones.

Las comunicaciones escritas comienzan por los **memorandos.**

Los **comunicados** son otra forma de comunicación escrita, que se envían a través del *e-mail* o se publican en carteleras ubicadas en lugares estratégicos, tales como la entrada o junto al reloj-control.

Revista interna *(house organ)*

Una forma de comunicación generalizada es la revista interna. A través de ella se pueden dar a conocer temas que, de otra manera, sería imposible hacer llegar a todo el mundo. Sin duda, este medio es un hallazgo en materia comunicacional, pero presenta algunos problemas importantes.

Video

El video es un medio oral-visual, que sustituye a la revista interna en aquellos lugares donde no llega la computadora. Éste tiene la ventaja de poder ver a la persona en movimiento. Se puede pasar brevemente, ya que no debería durar más de diez minutos.

Se lo puede colocar en horas de almuerzo o de descanso en ciertos lugares de la empresa, repitiéndolo, para que los empleados puedan ir a verlo en algún momento.

E-mail

El *e-mail* se ha convertido en una forma prolífica de comunicación. Tiene la ventaja de que puede ser redactado y enviado en cualquier momento, y leído en cualquier otro. A través de éste se pueden remitir informes de resultados de la empresa, planes, etcétera.

Otros métodos de comunicación

En la búsqueda de mejorar las comunicaciones en la empresa se han ideado distintos mecanismos que permitan abrir canales no tradicionales de comunicación.

LA CULTURA

La cultura es algo perfectamente visible y tangible. Comprender la cultura de una sociedad, de una empresa o de un grupo, permite entender por qué las personas actúan y trabajan de determinada manera. En las empresas se suele hablar indistintamente de cultura, filosofía, ideología, clima, estilo, etc., lo cual da lugar a que no se interprete cada una de ellas en forma adecuada.

Los paradigmas culturales se forman alrededor de ciertas presunciones básicas. Estas son:

1. La realidad y la verdad.
2. La humanidad y la naturaleza
3. La naturaleza del género humano.
4. La actividad humana.

De estos paradigmas surgen las respuestas a los temas básicos de la cultura. Los principales son los siguientes:

1. El lenguaje común
2. Los límites de inclusión

3. La cuestión del poder
4. Los ritos y las ceremonias
5. Relaciones interpersonales
6. El juego
7. El control
8. Los premios y castigos
9. Los mitos
10. La comunicación y la información
11. La motivación

Estudio de la cultura y la actitud

Tradicionalmente, en las empresas el conocimiento sobre la situación del personal se producía por información que la supervisión escalaba, o a través del sindicato, que se ocupaba de traer quejas en las que no siempre se podía confiar, o mediante alguna persona que solicitaba o reclamaba algo. Todo esto presentaba algunos problemas básicos acerca de esta información:

1. Era altamente subjetiva.

2. Venía filtrada por los intereses de terceros, supervisión o sindicato.

3. Estaba planteada como elemento de negociación.

4. Era escuchada según quién la daba, desechando otras fuentes que también tenían buena información.

5. No era objeto de planes concretos de corrección.

6. La situación era conocida por el personal a través de rumores o no era conocida.

Para evitar estos problemas se implementaron las denominadas encuestas de opinión, cuyo propósito es obtener información más confiable sobre qué está ocurriendo con el personal. Esta práctica es cada vez más común y algunas empresas la realizan en forma anual.

Diseño del estudio

El primer elemento del diseño de la encuesta de opinión es determinar cuál es el universo que se quiere estudiar. Puede ser un departamento, una dirección o toda la empresa. Sin duda, lo más conveniente es encuestar toda la empresa, pero a veces las circunstancias hacen que lo ideal no sea lo mejor.

Una vez definido el sector hay que establecer los segmentos a distinguir. Hacer una encuesta con todo el personal de Planta no nos dice nada. Puede ser que algunos sectores sean muy positivos a una pregunta y otros muy negativos, lo que nos dará en promedio un buen resultado.

Para saber efectivamente cuál es la situación hay que distinguir segmentos.

Algunos de éstos son bastante claros, como los niveles jerárquicos. Puede haber un grupo de gerentes, otro de jefes. Pueden ser tan numerosos como para distinguirlos entre Operación y Servicios o entre Producción y Mantenimiento. En esto se debe considerar la cuestión de la confidencialidad. Si se encuesta en un segmento a dos personas, quedarán fácilmente al descubierto. Por tanto, es mejor que el número mínimo a encuestar en un segmento sea de cuatro personas.

La otra cuestión con los segmentos es su cantidad. Éstos pueden ser muy numerosos. Sin embargo, la administración posterior de muchos grupos hace que no se pueda trabajar adecuadamente debido a la gran cantidad de datos que habrá que manejar y de planes diferentes a desarrollar.

La encuesta tiene que tener preguntas positivas.

Otra cuestión a tener en cuenta es la redacción de las preguntas.

En el link correspondiente se dan una serie de ejemplos de preguntas

Recolección de datos

La recolección de datos puede efectuarse por computadora o por escrito.

En el primer caso la persona llena el formulario y lo manda al *e-mail* designado para recibir las respuestas. El segmento puede explicitarse o puede ser advertido por quien recibe el *e-mail*.

Cuando se hace por escrito, puede entregarse el formulario con las indicaciones sobre cómo llenarlo y qué hacer después, junto con un sobre donde se indica la dirección del sector de la empresa que lo recibirá o el nombre del consultor que está manejando la encuesta.

Otra alternativa es que el personal se dirija en grandes grupos a un lugar de la empresa donde responder las preguntas y luego colocar la respuesta en la urna correspondiente a su segmento. Una o más personas que conozcan al personal se ocuparían de constatar que los papeles sean colocados en las urnas correctas.

Administración de la información

La administración consiste en calcular los porcentajes de incidencia de cada una de las respuestas en cada segmento. Esto se puede analizar luego en cuadros que muestren dónde están los valores positivos y dónde los valores negativos. También permite confeccionar el gráfico que se adjunta.

Devolución/Feed back

La devolución se debe dar a cada segmento por separado y no al total de la empresa, y a cada segmento hay que darle los datos respecto de sus respuestas, no los otros. Si no se siguen estas dos normas, se coloca a la empresa en estado de asamblea, donde todo el mundo discute todo.

Acción

El siguiente paso son las acciones que la empresa quiera tomar respecto de los resultados obtenidos. Cada caso es diferente. Lo importante es que estos planes se establezcan cuanto antes y sean comunicados con claridad. También es necesario explicar por qué otros temas no se toman en consideración.

Ética

"Ética" es un término proveniente del griego *Ethikós,* que significa tenerse a sí mismo. Esto es, cultivar el carácter y el discernimiento. El primero en dedicarle un espacio propio y desarrollarla en todo sentido fue Aristóteles. A partir de él podemos decir que ética es la parte de la Filosofía que estudia el bien y establece normas morales. Porque de la ética deviene la moral, es decir, las normas que se aplican a la conducta humana.

Para algunos la ética se encuentra en las condiciones morales innatas en el hombre, para otros en la intuición; algunos la basan en el dogma, otros en la creencia religiosa, y hay quienes la consideran una ciencia autónoma que no depende de ninguna coacción social, si no, deja de ser ética. En todo caso el hombre que vive en sociedad se maneja en un marco ético y cumple con ciertas normas morales, que en algunos casos son universales y en otros están relacionadas con el tiempo y el lugar de cada sociedad.

La ética en la empresa

Cada empresa tiene una ética y una moral. Lo habitual es que no sean expresadas, pero son reconocidas por sus integrantes. En algunas empresas los valores que se concretan son el compañerismo y la educación, en otras la competencia, en otras la grosería; en unas no se admite el menor uso de los bienes de la empresa con fines propios, en otras se dejan pasar pequeños hurtos o abusos. Nada de esto se declara. Todo queda siempre en un marco de virtud, lo que no significa que sea así.

Muchas empresas han tratado de desarrollar los valores en el marco de la visión y la misión. Lo primero que ocurre en estos desarrollos es que las comisiones encargadas de redactarlos se convierten en un torneo de virtudes. Mi experiencia me indica que cuando uno propone una virtud como valor de la empresa, enseguida otro la mejora, y así sucesivamente. El resultado es una serie de valores que no se compadecen con la realidad de la empresa y lo siguiente es que en los hechos estos valores se contradicen. Finalmente, el efecto beneficioso que se quiso alcanzar, relacionado con encauzar la conducta de la empresa dentro de ciertas normas morales y, al mismo tiempo, dar una buena imagen, se convierte en peores efectos sobre el personal, que ve cómo la empresa dice adherir a ciertos valores que luego se violan.

Por esto nuestra recomendación ha sido siempre no pretender confeccionar la lista de valores sino dejar que la realidad muestre a los empleados cuáles son los valores que la empresa realmente practica y defiende. La gente ve, la gente siente tanto la injusticia como la justicia, y reconoce en la Dirección virtudes y defectos. Enunciar virtudes que no se cumplen es mucho más negativo que tener defectos que no se pretende presentar como hechos positivos.

Otra acción que se concretó en especial en las décadas de 1970 y de 1980 fue la redacción de los Códigos de Ética. La experiencia no ha sido muy buena, ya que las expectativas puestas en esos códigos estuvieron por encima de la realidad.

Algunos casos de empleados

Los empleados caen en diferentes ocasiones en situaciones faltas de ética o de difícil definición. Uno de los temas más discutidos en los últimos años ha sido el de las remuneraciones muy altas de los ejecutivos de las empresas de Estados Unidos, especialmente los CEO que ganaron millones de dólares en un año aun en casos en que la empresa había perdido dinero en ese ejercicio.

En otro caso donde el Código de Ética había sido fuertemente puesto en práctica, cuando la empresa estuvo al borde de un *take-over,* el grupo directivo se autoadjudicó *"goldenparachutes"* por millones de dólares para el caso en que la empresa fuera finalmente tomada. Desde luego que estos paraguas dorados no tenían nada que ver con el espíritu ni con la letra del Código de Ética y fueron una bofetada para los demás empleados, que quedaban sin resguardo económico por no poder violar el Código de Ética de la empresa.

CAPITULO 6

EL MANAGEMENT

La función del *manager* no es hacer las cosas por sí mismo, sino **coordinar a otros para alcanzar los objetivos establecidos.**

Una persona se convierte en *manager* en cuanto no puede hacer toda su tarea y busca ayuda en otro que colabore con él para hacerlo.

El *management* como tal se inicia con el género humano desde sus mismos comienzos, ya que en los primeros pequeños grupos había distintas relaciones que implicaban *management*. No existía ninguna elaboración sobre la teoría y cada uno se manejaba de la mejor manera posible.

La forma de hacer *management* es distinta en cada persona. Cada uno tiene un estilo particular para hacer las cosas en la vida y, por lo tanto, también para gerenciar.

En general se aceptan dos grandes corrientes en materia de estilo:

- el estilo autoritario,
- el estilo participativo.

El estilo autoritario es el del *manager* que da órdenes. No hay una sola forma de autoritarismo, sino distintos grados e, incluso, distintas aproximaciones. Hay un autoritarismo centralizado y un autoritarismo paternalista.

El autoritarismo centralizado está basado en las decisiones del *manager*. No hay otra cuestión. El *manager* considera la situación y llega a una conclusión que da a conocer a sus subordinados, nunca tan bien usada la palabra. Estos no tienen otra opción que hacer lo que se les ordena.

El autoritarismo paternalista. Éste se ha considerado muchas veces como una forma amable e incluso participativa, pero en realidad es una forma de autoritarismo encubierto.

El estilo de *management* participativo se basa en la valoración del empleado u operario por parte de la empresa y en su reconocimiento como persona. Hay cuatro niveles de participación:

1. participación en la información,
2. participación en la opinión,
3. participación en la gestión,
4. participación en el accionariado.

Evolución del *management*

Cuando se habla de *management* hay que distinguir entre la teoría y la práctica, de la misma manera que entre lo que las personas dicen que hacen y lo que realmente ocurre. En esta breve reseña, lo primero que se debe aclarar es que el *management* siguió el modelo autoritario desde el inicio, y éste no cambió por décadas.

Taylor, Sloan, Fayol, el grupo de psicólogos de postguerra, son los primeros escalones. A los que siguieron teorías como los círculos de calidad y la calidad total, ambas fracasaron, la excelencia igualmente no funcionó y algunas ideas interesantes de autores diversos.

Pasos sucesivos

El primer paso en *management* es definir hacia dónde se quiere ir.

Esto supone varias etapas a saber:

La Visión o sea que queremos. **Realidad** o sea adonde estamos. **La Brecha** o sea la diferencia entre ambos. **La Estrategia** o sea las direcciones que vamos a tomar para acercarnos a la Visión. **Los Objetivos** o sea los pasos que nos planteamos en un periodo corto para acercar la realidad a la visión.

Management de Recursos Humanos

Al considerar la organización de Recursos Humanos hicimos referencia a las funciones específicas del *manager* de Recursos Humanos. No vamos a volver sobre esto.

Queremos señalar solamente que la función gerencial de RR.HH., como tal, no difiere de la de los demás *managers* de una organización y lo que hemos propuesto en las páginas anteriores es de aplicación asimismo al *manager* de RR.HH.

Scorecard

En 1992, Robert S. Kaplan y David P. Norton publicaron un artículo en *Harvard Business Review* sobre un sistema que llamaron *balancea scorecard;* en 1993 lo ampliaron y en 1996 lo transformaron en libro. El *scorecard* es una forma de medir los criterios *de. performance* en los siguientes cuatro campos:

- Financiero
- Clientes
- Procesos internos
- Conocimiento

El poder

Los ejes del poder

El poder, recordemos, es fundamental para vivir, ya que nos permite organizamos. Es un instrumento y como tal, neutro. Cada uno le da su propio contenido. Además, todos tenemos algún tipo de poder, no solamente aquellos a quienes llamamos los poderosos.

El poder establece una triple relación: con los superiores, con los pares y con los inferiores jerárquicos. Y esto es así en las organizaciones de cualquier tipo, donde el superior puede ser un grupo de entes o de personas dispersas. También puede ocurrir que no haya pares directos, pero en ese caso seguramente los habrá en otras organizaciones respecto de nosotros.

El poder necesita el acuerdo del otro, a esto se le llama complementariedad.

El poder se ha clasificado de cientos de maneras. Vamos a determinar cuatro elementos que nos parecen adecuados para estudiarlo:

a. la legitimidad,
b. la cultura de la organización,
c. la motivación,
d. las características del *manager*.

La **legitimidad** es fundamental para el ejercicio del poder. En las empresas se da siempre porque el poder lo otorga el nombramiento mediante los mecanismos establecidos por el orden social. En este caso, en una empresa el *manager* siempre es nombrado por sus superiores.

La cultura es uno de los ejes del poder en la organización. Es, en última instancia, el medio en el cual se mueven las personas. Las definiciones de cultura son muchas. La clásica, de Edward Tylor, la definía como el "complejo de conocimientos, creencias, arte, moral, derecho y costumbres y cualesquiera otras aptitudes y hábitos que el hombre adquiere como miembro de la sociedad".

Respecto de la **motivación,** se puede cuestionar la inclusión entre los ejes del poder. Podría ser considerada parte de la cultura. Pero quien ejerce el poder lo que hace es coordinar un grupo de personas.

Esta clasificación, de la cual el único aspecto unívoco y claro es el primero, se concreta a través de las creencias del ser humano y de los cambios que desarrolle. Las **características del** *manager* son las que señalamos al comparar al líder con el conductor, que es el *manager*.

TIPOS DE MANAGER

BLANDOS
Adhesión al otro
Vaciedad
Inseguridad
Bond

OFENSIVOS
Paranoico
Sadismo
Corrupción
Crueldad
 Perverso

DIVERSOS
Narcisismo
Esquizoide
Celos/envidia
Obsesivo
Miedo

Acciones y reacciones de las personas en posiciones jerárquicas

Acerca del miedo y de los celos o envidia

Esta acción la veremos primero por la importancia que tiene. Valiente es el hombre que se sobrepone a su miedo, cobarde el que se deja dominar por él. No es malo tener miedo a pesar de lo que nos han dicho desde pequeños, porque temer es una emoción que nos ayuda en circunstancias en las cuales la prudencia es lo aconsejable. El asunto es cómo lo manejamos.

Por otro lado, los logros de otros nos producen celos o envidia, pero también alegría. Esto depende de cada persona y respecto de quién se trate. A veces, lo que algunos hacen nos produce rabia, y otras veces no importa quién lo haga igualmente nos da rabia, y hay personas de las que no admitimos nada. El rondó es largo, y cuando la alegría y la envidia se unen, lo que es muy habitual, las posibilidades son infinitas. La cuestión es que estos sentimientos se manifiestan claramente en la empresa.

Tanto los celos como la envidia son ejes del poder. En general, las personas nos movemos por estas emociones; así, se exacerban por la competencia y la inseguridad que nos produce el ejercicio del poder.

Sobre las acciones ofensivas

En este grupo hemos reunido conductas que van más allá de la agresión. Son ellas:

- Paranoia
- Crueldad
- Perversión
- Sadismo

- Corrupción

Todas ellas tienen en común que sólo pueden producirse respecto de otra persona. Esto no es común a las demás acciones.

Hemos descripto las características del paranoide y señalado la necesidad de cierta dosis de paranoia como medida de prevención. Pero una cosa es la prevención en el cuidado de la situación y otra es la acción del paranoide que actúa en forma agresiva. El es perseguidor. No lo hace porque los resultados de la empresa lo aconsejen, sino porque esto lo satisface. Su forma de ser lo lleva a perseguir al otro, a regodearse con el daño que le pueda ocasionar, porque se supone que el otro lo ha atacado o lo pueda atacar.

El *manager* paranoide es más común de lo que se supone.

Lo mismo hace el perverso, sólo que éste no trata de destruir al otro. El paranoide no se detiene hasta lograr el despido. El perverso, en cambio, se ocupa de recuperar al otro, como ya señalamos. Él no es un producto del poder. Simplemente está en el poder y actúa mejor lo que de otro modo le sería más complicado.

Algo similar ocurre con el sádico. Éste puede serlo con cualquiera sobre quien pueda actuar. No es el resultado de ser *manager* lo que lo activa, sino una cuestión propia. El sádico no se detiene, porque su goce es hacer daño, ver el sufrimiento del otro, como ocurre con el cruel. Podría afirmarse que la crueldad es resultado del sadismo, pero esto significaría reunir dos elementos que no siempre corren por el mismo carril, porque el sádico necesita una contraparte, el masoquista, quien es su complemento y el que le permite actuar. Pero el sádico no suele llegar a ser *manager*. El *manager* que hace daño utiliza otros canales. El sádico se hace evidente frente a los demás antes de llegar a esos puestos; así, es difícil que los alcance. Lo mismo le ocurre a quien es cruel. La manifestación de su crueldad puede dificultar, incluso, su permanencia en la empresa.

Algunas personas se pueden preguntar por qué ubicamos al corrupto junto al sádico y al cruel. La cuestión es que todas son acciones agresivas. El corrupto perjudica a aquel o aquellos contra quienes dirige su acto de corrupción y también a la empresa en lo económico, en la imagen y en el proceso. Es evidente que el *manager* tiene más posibilidades de ser corrupto que quienes están en posiciones llanas, porque el ejercicio del poder tienta a la corrupción.

Sobre las acciones blandas

Hay acciones blandas. Hemos clasificado en este grupo las siguientes cualidades:

- Adhesión al otro
- Vaciedad
- Bondad
- Inseguridad

La adhesión al otro es una posición pasiva, una acción blanda que más de un *manager* ha adoptado. Esto se adapta muy bien a regímenes autoritarios, al sadismo y, en general, a cualquier forma que permita tener en quien apoyarse.

La vaciedad, en el fondo, implica una falta de nivel de personalización. Vacío es aquel que no tiene contenido, que le faltan ideas. Pero si al mismo tiempo tiene habilidad para ubicarse, puede ser *manager* por muchos años, en especial en una organización con estilo autoritario.

El otro tema de este conjunto, la inseguridad, nos toca a todos. Sin embargo, a partir de ciertos niveles de inseguridad el *manager* se vuelve incapaz de actuar con mediana efectividad. Un *manager* inseguro probablemente pierda su puesto.

Respecto de la bondad, parecería ser una cualidad que no se requiere en un *manager*. No es un tema fácil. El *manager* requiere en su puesto una cuota de agresividad que no se condice con una bondad a ultranza. Sobre las acciones diversas

Sobre las acciones diversas

Finalmente, mencionaremos un grupo de acciones diversas. Las cualidades que llevan a estas acciones son las siguientes:

- Esquizoide
- Narcisismo
- Obsesivo

El *manager* **esquizoide** presenta dificultades en la comunicación. En general, encuentra problemas con todos los niveles porque se encierra en sí mismo.

La persona **obsesiva** puede ser un buen *manager*. Aunque ninguno de nosotros querrá ser supervisado por él. Su problema en el ejercicio del poder es que el miedo acentúa su nivel de obsesión

Así como en el caso del obsesivo y del esquizoide hemos hecho notar más sus defectos que sus virtudes para desempeñar con éxito el puesto, tratándose del narcisista la diversidad es mayor. O sea, a los dos primeros la falta de comunicación o el exceso de control los perjudica, con poco contrapeso que los ayude, salvo su capacidad y conocimientos.

En cambio, **el narcisista** parte, en un grado inferior, de algo positivo ya que, en última instancia, todos necesitamos cierta cuota de narcisismo, porque esto significa que buscamos el logro y que estamos satisfechos con nosotros mismos. De este modo nuestra autoestima aumenta, y entonces entramos en un círculo virtuoso en el cual a mayor posibilidad de logro, más satisfacción y más autoestima, y así sigue. O sea que hasta este punto el narcisismo parece positivo. Es más, podemos decir que todos los *managers* tienen su cuota de narcisismo.

Existe la posibilidad de que sucesivos triunfos incrementen el narcisismo. A partir del momento en que el narcisismo resulta más importante que el nuevo proyecto, el *manager* comete dos errores sucesivos.

El sistema de poder define la política

En una organización el poder inicial lo tiene quien la funda. Esta figura puede llamarse accionista, propietario o presidente; puede tener el total del poder o compartirlo con otros. En cualquier caso, el poder está en él o ellos.

Cuando él o ellos no pueden hacerlo todo por sí mismos, comienzan a delegar en otras ciertas tareas. Esto es crucial. La cuestión es que quien tiene el poder cede una parte a otro; éste, a su vez, cede parte de su poder a otro u otros y así se va conformando la pirámide organizacional, a partir de un total de poder que se va cediendo.

Así, la organización se constituye y actúa a partir del poder que cede el fundador.

Poder y responsabilidad

El hecho de delegar el poder no significa que uno pueda abdicar de la responsabilidad. Un accidente aéreo es responsabilidad del participante directo, de la línea y hasta del mismo presidente de la compañía. Nuevamente nos encontramos con una dificultad lingüística.

Así como los sajones tienen un solo significado para el liderazgo, nosotros tenemos una sola palabra para responsabilidad, mientras que en inglés hay otra: *accountability*. Su significado es "dar cuenta", y está unido al de responsabilidad en castellano.

Para aclarar mejor lo que estamos diciendo, vamos a presentar el siguiente cuadro de relación entre poder, responsabilidad y *accountability,* palabra que hemos propuesto adoptar como un nuevo anglicismo incorporado a nuestra lengua.

Puesto	Poder	Accountability	Responsabilidad
Propietario	100	10	10
CEO	90	90	10
Director	80	80	20
Gerente	60	60	30
Empleado	30	30	30

Delegación

Las empresas actuales necesitan delegar más, la cantidad de personas que reportan a cada *manager* ha crecido, los tiempos disponibles se han acortado.

Se habla de delegar o no delegar, de falta de preparación de las personas a quienes delegar, de falta de confianza en las personas a quienes delegar. En cambio, se habla mucho menos del miedo a delegar, del riesgo que supone y del deseo de mantener el control del poder.

A partir del momento en que se le pide algo a alguien, se está delegando. Lo que conviene es hacer las cosas de tal manera que la delegación ayude a contar con más manos y ojos y mentes trabajando en pos de los requerimientos de quien delega.

Por otra parte, no es cierto que las personas no estén preparadas; sí es cierto en cambio que en muchas ocasiones no se las prepara. Tampoco es cierto que las personas no sean confiables; lo que sí es cierto es que no confiamos. Por eso hay que comenzar por la preparación de las personas y por los mecanismos a utilizar para lograr confianza. Todo ello en el menor tiempo posible, porque tenemos otras cosas que hacer.

Pasos del proceso

1. Determinación del objetivo del puesto y de sus funciones.
2. Entrenamiento y establecimiento de un tiempo para la acción.
3. Determinación de los tipos de decisión que el empleado puede tomar sin consultar ni hacer saber previamente al superior.
4. Análisis temporal de los resultados (un día, una semana, seis meses, dependiendo del puesto), y agregado de otras funciones, entrenamiento y establecimiento de un nuevo tiempo de revisión.
5. Terminado este tiempo, se considera que la persona ha tomado efectivamente el puesto.

La delegación no se retira salvo caso de emergencia. No es posible trabajar con un supervisor que otorga un cierto poder, después lo quita, y así muchas veces en cuestión de horas. Esto hace imposible desarrollar cualquier tarea y desalienta a quien deba trabajar en tales condiciones.

De la misma manera, nunca se debe aceptar que se produzca lo que llamamos la "sorpresa gerencial". Si algo no anda bien, si parece que el objetivo no se va a lograr, si la persona no está en condiciones de solucionar las situaciones que se le presentan, debe llevar el tema a su superior con tiempo.

Aprender del error

Von Clausewitz decía que los grandes generales se conocían en la derrota. Abraham Zaleznick, en *Management of Disappointment,* retoma esta idea y analiza la importancia del desarrollo a partir de los fracasos.

Estudios psicológicos realizados a personas creativas, incluso líderes, sugieren que la preocupación por el éxito puede ser menos importante que el rol del fracaso en la evolución de una carrera, aunque en este mundo exitista seamos bombardeados con el ejemplo de quienes han tenido éxito y nadie quiera saber qué les sucedió a los perdedores.

De hecho, cuando sufrimos dificultades sabemos que, en la medida en que podamos enfrentarlas, saldremos fortalecidos. Pero enfrentar no significa vencer, sino analizar la situación y las acciones posibles.

Gestión internacional

La cuestión de las empresas

La gestión internacional es la continuidad de la organización en distintos países. Desde siempre ha habido comerciantes con agencias en el extranjero, pero a partir de la década de 1930 se intensificó la gestión internacional. Esto hizo que cambiaran las actitudes de quienes tenían que decidir y, en la década de 1960, personal local comenzó a ocupar puestos gerenciales.

Al mismo tiempo, y en distintos momentos durante esa década y la siguiente, una ola subversiva se produjo en el mundo como consecuencia de la Guerra Fría. Uno de los objetivos de la subversión fueron los ejecutivos extranjeros de empresas que habían cambiado su denominación de multinacionales a transnacionales. En algunas filiales, los extranjeros y sus familias fueron evacuados en cuestión de horas, dejando los puestos a personal local que, obviamente, no había sido entrenado para ello. Sin embargo, y mediante una fluida comunicación con la Casa Central, se desempeñaron adecuadamente en la emergencia.

A la par, personas de otros países comenzaron a ocupar puestos crecientemente importantes en las casas centrales de las corporaciones, llegando incluso a ser miembros del *Board* de directores.

El tema que enfrentan actualmente las empresas es cómo tratar la cuestión de los expatriados con una amplitud mayor que en el pasado.

La cuestión personal

La gestión internacional les plantea a los empleados una cantidad de problemas, pero también les otorga ventajas.

Estas últimas consisten, básicamente, en hacer una carrera más rápida dentro de la corporación, ser parte del núcleo especial de los expatriados que se consideran personas de alto potencial y conocer diferentes países y culturas.

Los problemas son muy diversos, por ejemplo:

1. La aceptación de la propuesta.
2. El análisis del impacto económico en el país al que se iría, de las condiciones que da la empresa (cambio, costo de vida, segundo auto, etcétera.).
3. La preparación para mudarse.
4.   La elección del lugar donde vivir y la ayuda con que se podrá contar en
la casa.
5. Los estudios para quienes tienen hijos en edad escolar.
6.- La posibilidad de contar con amigos en ese lugar.
7. El conocimiento de las costumbres de la sociedad en la que se va a vivir, su ética y sus leyes.
8. La posibilidad de interactuar en esa sociedad, en especial la pareja.
9. El nivel de seguridad personal del país, de la población donde se va a estar y del barrio posible.

10. El conocimiento de las condiciones políticas de ese país.
11. El sistema cultural dentro de esa filial, lo cual está

relacionado con la cultura del país y también con las características de las personas que detentan el poder en la organización.
12. La relación de esa filial con la Casa Central y el papel que uno va a desempeñar en ese entorno, como continuador o como reformador.
13. Las aproximaciones a las soluciones de productividad de la cultura empresarial en el país en general y en la afiliada en particular.
14. La adaptación del empleado y de la familia a estas situaciones.
15. El problema del reingreso a la empresa de origen.

Los primeros pasos

La propuesta será considerada por cada empleado según su situación personal. Por ejemplo, si es soltero definirá la cuestión en forma personal, pero si está casado, en pareja, de novio, deberá plantear el tema a la otra persona.

El rechazo inicial puede deberse a alguna de las siguientes causas:

1. La remuneración no es suficiente para producir el ahorro que todo expatriado calcula hacer cuando va al exterior.
2. El país de destino no es de su agrado.
3. La filial que le proponen tiene algunos problemas que no le gustan.

La mudanza

En una época, el marido iba primero al lugar y elegía una casa. Luego se optó porque ambos fueran a un hotel mientras ella buscaba casa y él empezaba a trabajar. Ahora se tiende a que ambos se trasladen al lugar, incluso que vean la casa de la empresa o que alquilen una, vuelvan y empaquen sus pertenencias. Las empresas proveen mudadoras internacionales con mucha experiencia en el manejo de estas situaciones.

Otro tema que hay que tomar muy en cuenta es el de la escolaridad de los hijos.

El idioma del país al que se va es un tema importante.

Una vez en el nuevo lugar, es importante tener algún tipo de orientación concreta. Si la empresa no la da hay que buscarla a través de otros empleados de la empresa o aun de alguna compañía de turismo del lugar que ayude con la orientación.

Ubicarse

El marido va al trabajo, la esposa se queda en la casa, los chicos van al colegio. Todo parece haber vuelto a la normalidad. Pero es otra normalidad que la del lugar donde estaban. Más adelante, veremos con qué se encuentra el marido en el trabajo. Los hijos, por lo pronto, hallarán grupos nuevos con una cultura internacional de niños o muchachos que, como ellos, están desarraigados, algunos desde siempre, y entonces manifiestan conductas diferentes a las de los compañeros de colegio de su ciudad natal.

La esposa puede hallar formas de entretenerse o no. Si se aburre, hay que tratar de ayudarla para que encuentre actividades de su interés.

La vida en la filial

El empleado llega a su nueva oficina y se encuentra con personas que no conoce. Tiene que comenzar a establecer relaciones con ellos, y esto algunas veces es fácil, otras veces muy difícil.

El siguiente aspecto a tomar en cuenta es el tipo de cultura. Una cultura puede tender al trabajo en equipo o a la individualización.

Conviene al nuevo empleado que, una vez instalado en el lugar, no haya alguna supresión de un puesto similar al suyo, porque lo más probable es que pongan a un miembro de ese país y lo saquen a él. Hay una tendencia natural a protegerse entre locales, especialmente respecto de los extranjeros. Otro problema que el expatriado tiene que considerar es el estado de las relaciones entre esa filial y la Casa Central. Siempre hay alguna tensión entre ambas, pero no siempre se producen en el mismo lugar de la organización.

Otro tema que afecta la productividad en todo sentido es el sistema de comunicaciones de la filial. Comunicaciones interrumpidas, con mala transmisión entre niveles o entre sectores, ocasionan daños a la producción y a la administración.

En ocasiones, las filiales pueden presentar programas que movilizan a la organización. Estos no siempre son reales y muchas veces se usan sólo para aparentar efectividad, modernidad o apoyo a algún sector de la casa central. Los motivos pueden ser numerosos.

El regreso

Respecto del regreso, puede plantearse alguna de las situaciones
siguientes:

1. Nunca se habló de regreso sino de hacer una carrera internacional.
2. Se habló de regresar o de hacer otro contrato, eventualmente.
3. Se habló de regreso en términos generales.
4. Se estableció una fecha para el regreso.

La globalización

La globalización ha hecho que las empresas transnacionales se ampliaran a nuevos lugares y modificaran sus relaciones con los existentes. Esto último, debido a los nuevos sistemas de comunicación y a las computadoras *on-line* que hacen posibles las reuniones sin viajar. Las conferencias se han vuelto así moneda corriente entre la Casa Central y las filiales, lo cual antes era un motivo de viaje, una complicación y un precio mayor. El hecho de poseer computadoras *on-line* significa que la casa central dispone de toda la información respecto de la marcha de la filial y que cualquier maniobra que ésta quiera hacer para mostrar mejores resultados o para no dejar ver algún error importante es muy difícil, si no imposible. Lo que sería una especie de doble contabilidad, teniendo una red de computación interna no conectada con la Casa Central es fácilmente detectable por cualquier visita externa y puede resultar un dolor de cabeza para la gerencia local.

Para las grandes transnacionales en particular, la globalización implica:

1. Tener un grupo de personas que estarán en permanente contacto con numerosas localidades.
2. Detectar al personal que en las organizaciones locales está dispuesto a trabajar en el exterior. En realidad, necesitan tener personas que puedan llevar a cabo:
   a. **Una estadía.**
   b. **Un contrato.**
   c. **Una "vida exterior".**

Para poder tener cierto éxito en estas operaciones, las personas involucradas en cualquiera de los tres puntos deberían recibir un entrenamiento previo acerca de los países de destino.

Entrenamiento

A lo largo de este capítulo hemos hablado en numerosas ocasiones acerca de la necesidad de entrenamiento y apoyo. El tema del apoyo es menos estructurado, ya que tanto para la salida como para el regreso se necesita de personas con información y con formación.

El entrenamiento se divide en tres grupos de cuestiones. Éstas son:

1. La globalización significa tener una mente abierta a las diferentes culturas y hechos que nos pueden parecer repulsivos o desagradables.
2. Este segundo grupo es más específico. Tiene que ver con temas tales como:

   - Leyes y moral del país.
   - Régimen político y su sistema de renovación.
   - Historia del país, creación y últimos tiempos.
   - Sistema social y costumbres más relevantes.
   - Gestos y acciones reprobables o amigables.
   - La relación masculinidad/feminidad.
   - Cultura individualista o colectiva.
   - Valores individualistas y colectivos.
   - Valor de la tradición y sus características.
   - Algunos elementos del idioma.
   - Valoración de la jerarquía.
   - Autonomía de acción en las personas.
   - Nivel y tipo de corrupción.
   - Sistemas de transporte.
   - Toda particularidad de ese país a este nivel.
3. Para las personas que van a vivir un cierto tiempo en ese país, hay un tercer nivel de información que les será útil y está relacionado con:
   - Entretenimientos y restaurantes.
   - Lugares de compra de comida, ropa, libros o discos.
   - Zonas riesgosas, horas inadecuadas.
   - Servicio doméstico.

- Clubes, centros sociales.
- Régimen escolar.
- Cultura empresarial.
- Formas de trabajo, tecnología utilizada.
- Toda información sobre ese país en temas útiles.

El fracaso de la gestión internacional

Pocas empresas han establecido los elementos que hemos recorrido en este capítulo. Es más frecuente que se usen algunos pocos y se deje el resto librado a la suerte y la habilidad del empleado. Así es como se fracasa y como gestiones aparentemente exitosas producen daños importantes. No los llamaremos colaterales como correspondería, porque esta es una expresión que desvaloriza el daño, pero en realidad están unidos a la acción principal.

Las familias pueden verse afectadas por diferentes circunstancias, por ejemplo:

- Enriquecimiento individual por el contacto con otras sociedades.
- Enriquecimiento por estrechar los lazos entre los miembros frente a una situación de soledad familiar.
- Maduración en ciertos aspectos personales.
- Nuevos aprendizajes en diferentes áreas.
- Drogadicción.
- Alcoholismo.
- Infidelidad.
- Peleas familiares.
- Peleas en la sociedad.
- Divorcio.
- Secuestros o muertes.
- Accidentes por desconocimiento de las costumbres locales.

No nos olvidemos que un expatriado de una empresa extranjera es una persona diferente en la sociedad, en cualquier, sociedad.

CAPITULO 7

LIDERAZGO Y MOTIVACIÓN

Liderazgo o conducción

Hay una cuestión fundamental en el tema del *management* en general y de los recursos humanos en particular que es el tema del liderazgo: el poder le es concedido al *manager* por la empresa. Este concepto se enfrenta con el hábito de definir al *manager* como líder. Si analizamos las conductas de personas tan diferentes como Napoleón, Jesucristo, Gengis Kan, Mahoma, Julio César o Aníbal, podremos observar que todos ellos:

- tenían una fuerte convicción,
- se preocupaban por comunicarse hacia abajo,
- se preocupaban por saber qué ocurría y qué pensaban desde abajo ("¿qué dicen de mí?", los espías de Aníbal, los "flechas" de Gengis Kan, etc.),
- conocían muy bien a su enemigo,
- tomaban riesgos,
- eran astutos (se hace más notable en tácticas militares),
- se preocupaban por organizar (incluso redactando códigos que duraron siglos),
- distribuían premios y castigos: eran generosos y duros.

Estos eran líderes en el más tradicional sentido de la palabra, en el sentido latino de la palabra.

Ahora nos encontramos con estas otras descripciones:

- Líder es una persona que tiene carisma, presencia, *expertise,* empatía, que se conoce a sí mismo y sabe comunicar, dice Paul Pagonis.
- Debe definir el propósito, lograr la atención y el interés

de los empleados, hacer que la organización se involucre, crear y sostener la tensión hacia el logro de los objetivos, dicen Christopher Bartlett y Sumantra Ghoshal.
- Debe tener un sistema de valores, confianza en los subordinados, inclinaciones a liderar, sentimiento de seguridad en situaciones inciertas, dicen Robert Tannenbaum y Warren Schmidt.
- Es el que establece una dirección, alinea a las personas, las motiva y crea una cultura, dice John Kotter.
- Selecciona los objetivos, las estrategias para cumplirlos, la administración de los recursos, la motivación y el reconocimiento a las personas y el diseño, organización, dirección y control, dice Theodore Levitt.
- Rosabeth Moss Kanter, por su parte, habla de misión, control de la agenda, compartir valores, aprender, tener reputación.
- Jack Welch, de velocidad, simplicidad y autoconfianza.
- Henry Mintzberg, de decisión, integración e información.

Como puede verse, existe una gran variedad de opiniones. Ahora bien, ¿cómo se relacionan los dos grandes conceptos de líder, el tradicional y el del *management?*

Líder, que proviene del inglés *leader,* designa a quien tiene esa cualidad desconocida que hace que las personas lo sigan. Esa cualidad, que no se ha podido desentrañar pero que se ve en los hechos, es el carisma.

Antes, la entidad de carismático se aplicaba a quienes lograban la adhesión de la gente en política, en religión, en grandes conquistas. Luego, con el advenimiento de las organizaciones, se aplicó también a éstas.

El líder logra este fenómeno de ser seguido:

- en relación con un grupo de personas,
- en una situación determinada, y
- en una causa determinada.

Respecto de la fuente del poder en que se apoya el líder es importante la distinción entre liderazgo tradicional y liderazgo organizacional planteada por Pigors, Sheriff y otros:

- En el primer caso el poder proviene del grupo que sigue al líder en su causa;

- En el segundo, el poder proviene de una organización, y el líder y quienes a él reportan están incluidos en el sistema de poder de esa organización.

En el caso del liderazgo tradicional, si el líder dejara de ser seguido, podría convertirse en un ideólogo, en un artista, en un literato, pero dejaría de ser líder para ser lo que podría describirse como un intelectual. El intelectual puede ser la base de pensamiento de un líder, puede alcanzar una enorme influencia en el mundo, pero no será líder hasta tanto no tenga un grupo de seguidores en la causa que se habrá hecho común a todos.

Determinado pues el concepto de líder, queda claro que no hay líder en la organización. Habrá conductores que además tengan muchas virtudes, pero no son líderes. Lo que hay en la organización son personas con empatía, que logran adhesión sobre la base del poder dado por la organización.

. Esta diferencia fundamental que surge de la fuente del poder del líder es la que determina, en primer lugar, el hecho de que en una organización no puede haber líderes.

Por lo pronto es evidente que la empatía entre las personas hace que convivan o trabajen en armonía.

Este directivo, al que llamaremos conductor, debe tener ciertas condiciones, porque el carisma no es una cualidad necesaria. El conductor:

- debe tener sentido de hacia dónde va, saber qué es lo que quiere en y con la organización,
- debe saber dividir los poderes por debajo de él, para que

se lleven adelante los planes que se hayan pergeñado,
- debe ser un hombre con iniciativa, que sepa adelantarse a lo que vendrá,
- debe saber hacerlo con sentido de eficacia global, lo que supone que no será eficiente en una cosa estropeando quizá otras sin advertirlo, sino que sabrá privilegiar lo que sea más útil para el resultado global de la organización,
- debe tener claridad en la comunicación, si no desperdiciará energía dedicándose a cosas que no interesan o a tratar de saber qué es lo importante, lo que en realidad implica tener respeto por las personas que trabajan para él, concepto que debe extenderse al trato en general,
- debe mantener bajo el nivel de conflicto. Tras Dahrendorf es claro que la cuestión social y organizacional reside en gran medida en mantener bajo el nivel de conflicto, aunque a veces esta estrategia suponga aceptar un pico de conflicto para lograr mejorar una situación. La relación entre el nivel de conflicto y la eficacia está determinada por el hecho de que las personas están involucradas en el conflicto, no están trabajando para la organización, lo que, nuevamente, es energía desperdiciada,
- debe motivar a su personal,
- debe ser reconocido por su gente.

La sola enunciación de estas condiciones básicas establece diferencias importantes entre ambas figuras. Aun en aquellas que parecen similares, hay claras distinciones.

Es fundamental para el análisis entender el hecho de que el líder está basado en sí mismo, mientras que el conductor lo está en la organización que le da el poder. Esta diferencia es esencial y se trasmite a las necesidades de cada uno con el grupo.

En definitiva, el líder es una persona con características muy diferentes a las del conductor. Las características que se requieren para dirigir grupos en una organización no son las del líder, como hemos podido ver, sino las del conductor, comenzando por el hecho de que el líder recibe el poder de sus seguidores y el conductor lo recibe de sus superiores.

Liderazgo y toma de decisiones

El liderazgo está íntimamente relacionado con la toma de decisiones. Al tomar una decisión un *manager* explicita una forma de liderar.

Kenneth Brousseau realizó la investigación junto con Michael Driver, Gary Hourihan y Rikard Larsson. Encontraron que los estilos de decisión difieren de dos maneras fundamentales: cómo se utiliza la información y cómo se crean alternativas. Algunos *managers* tienden a usar mucha información para tomar una decisión, otros a usar muy poca; de la misma manera algunos *managers* tienden a crear muchas alternativas antes de tomar una decisión y otros a crear muy pocas. Considerando estas dos variables, resultó un cuadro según:

| | | Información ||
		Menos	Más
Alternativas	Muchas	**Decisivo** Directo, eficiente, orientado a la tarea.	**Jerárquico o analítico** Muy analítico, permanentemente complejo,
	Una	**Flexible** Veloz y adaptable, flexible, social y receptivo.	**Integrador** Aportes de muchas fuentes, creativo y participativo

En estos cuatro cuadros de decisión se enmarcan cuatro formas de liderazgo diferente y fundamental en la empresa.

1. El estilo decisivo es un liderazgo autoritario, que no busca mucha información, o sea que no le da espacio a nadie o casi nadie y que actúa rápidamente, por lo tanto sin consultar.
2. El estilo flexible no es participativo en la primera etapa, no le importa tener información, pero se adapta con rapidez cuando nota que las cosas no están bien. No es como el anterior, que sigue su decisión, sino que éste se acomoda a las circunstancias.
3. El estilo jerárquico debería denominarse en castellano estilo analítico, porque la palabra jerárquico implica una superioridad de poder que no corresponde al caso. Este es un estilo donde la persona da mucha cabida a los demás y busca abundante información, y en este sentido es muy participativo; pero finalmente toma una decisión a la que se atiene porque cree que su análisis lo lleva a una decisión que se mantendrá en el tiempo.
4. El estilo integrador da mucha participación en la opinión. Busca mucha información sobre el tema y escucha a distintas personas. Cuando tiene los datos consulta a varias personas sobre las posibles alternativas y, en general, toma decisiones abiertas y con varias opciones.

Asimismo, la investigación consideró lo que llaman modalidad de pensamiento, que es el tipo de decisión que toma la persona en privado; cuando el *manager* está solo, su forma de tomar decisiones no es la misma que cuando está liderando. En general, el líder es más analítico e integrador, lo cual es lógico, ya que cuando está pensando solo, lo que más le importa es llegar a alguna conclusión sobre un tema antes de sacarlo afuera, de ahí que la tendencia sea, necesariamente, hacia el análisis y la consulta.

En el inicio de la carrera, en los niveles jerárquicos más bajos, el *manager* prefiere la forma decisiva de liderazgo, donde toma decisiones rápidamente sin consultar demasiado y enfocado en la tarea.

Esta situación tiende a cambiar radicalmente cuando alcanza un mando medio: disminuye el estilo decisivo y el *manager* prefiere liderar más integrando y siendo flexible. Pero es claro que en ese nivel es donde entra en conflicto consigo mismo, ya que debe cambiar su perspectiva de *management*, que es como cambiar su perspectiva de vida. En vez de la aproximación autoritaria que tenía se ve empujado a pedir más opiniones, a ser más flexible. Sin embargo, es interesante cómo el gráfico muestra la resistencia de los *managers* menos eficientes a adoptar los estilos integrador y flexible y a mantenerse dentro del carácter autoritario decisivo. De hecho, aun llegando a los niveles más altos en la empresa, esas personas no pueden desligarse de su tendencia autoritaria, y en todo caso se hacen más analíticos, pero no mucho.

La motivación
La motivación se inicia desde la aparición del hombre, ya que en el mito de la manzana podemos ver cómo Adán se siente motivado. A partir de allí, cada persona en su relación con otra da motivos para que la otra actúe en uno u otro sentido.

Esta motivación que es parte del ser humano, se aplicó en la empresa desde el primer momento. La motivación inicial partía de las enseñanzas de Calvino de que el hombre es malo por naturaleza y que debe esforzarse permanentemente. Como no sé si los demás se esfuerzan debo vigilarlos. El control puritano no es más que la aplicación de esta idea básica.

Cuando Taylor desmenuza el trabajo y hace que el ser humano se convierta en parte de la máquina y que ella sea la que, en definitiva, establece el ritmo, está diciendo que la motivación es la desaparición del hombre y su substitución por la máquina, y que los supervisores tienen que ejercer el poder del miedo y el castigo para lograr que las personas que son vagas (malas) por naturaleza, trabajen. Esta fue la ideología empresaria con algunas variantes menores, durante todo el siglo XIX y casi todo el siglo XX. Es cierto que hubo experiencias como la de Elton Mayo que hicieron llegar a otras conclusiones, pero la ideología cristiana de que el hombre es bueno por naturaleza se aplicó realmente en la industria por la influencia japonesa. Con ella, las empresas ampliaron el poder que delegaban y redujeron los controles, eliminaron líneas de supervisores y dejaron que grupos enteros trabajaran con un grado de libertad que hubiera sido impensable, sin ir más lejos, en 1950.

La Escuela de Relaciones Humanas que surge a partir de la experiencia de Hawthorne, realizada por Elton Mayo, plantea que las personas trabajan mejor cuando se les presta atención, cuando pueden dar su opinión y se atiende a sus sugerencias. Pero esto en realidad no se aplicó y se utilizaron solamente los signos exteriores del tuteo, la llave del baño, la alfombra especial o el palmeo en la espalda.

Después de la Segunda Guerra la aparición de un grupo creciente de psicólogos fue modificando los escritos, las experiencias y los criterios empresarios, en un lento proceso. En 1957 McGregor propuso la idea de que muchas situaciones tienen como causa la aproximación de los *managers*. En este sentido, desarrolló un modelo de dos aproximaciones que, a grandes rasgos, son la de quienes se preocupan por saber qué piensa el otro y la de quienes no lo hacen. Estas dos posiciones eran la Teoría X y la Teoría Y.

Los *managers* de la Teoría X llegaban a la conclusión de que a los empleados había que presionarlos y controlarlos. Esto era así porque:

a. a las personas no les gusta trabajar,
b. las personas carecen de sentido de responsabilidad,
c. las personas requieren de presión para hacer las cosas.

En cambio, los *managers* de la Teoría Y creían que se debía tener en cuenta al empleado, preocuparse por su desarrollo. Esto estaba basado en el hecho de que:

a. el trabajo es algo natural en la persona,
b. las personas no son naturalmente holgazanas,
c. las personas actúan con autonomía y responsabilidad hacia los objetivos
con los que se comprometen y tienen potencial para desarrollarse.

Chris Argyris[1] dice que ni las personas ni las organizaciones cumplen con sus necesidades. El sistema gerencial, con sus objetivos, presupuestos, planes, etc., no permite que se cubran las necesidades de ninguna de las dos partes y una gran cantidad de energía queda sin utilizar.

Argyris llamó sanas a las empresas donde las consecuencias habituales son las deseadas y enfermas a las otras donde no lo son. La forma de mejorar la situación es el trabajo en grupo y el aumento de la cantidad de trabajo de las personas para hacerlo más interesante. A este concepto se lo llamó *job enlargement*.

Rensis Likert[2] introdujo una forma de medición que fue llamada Escala Likert, consistente en cinco grados de valoración de 5 a 1, donde el mayor valor es 5 y el menor es uno. En su obra plantea que las empresas logran poco de su gente debido a su naturaleza y a las estructuras que tienen. Esto hace que todo sea muy jerárquico y rígido. Propone el trabajo en grupo en vez de la responsabilidad individual.

Además, ideó el concepto del *link* o eslabón, es decir, la persona que está en dos grupos al mismo tiempo. Esta persona es, por ejemplo, un gerente que pertenece al grupo de gerentes que son sus pares y al mismo tiempo es quien encabeza el grupo que dirige. Esa persona es esencial en la iteración en la empresa.

Likert trabajó en el desarrollo de un sistema que permitiera valorar monetariamente el esfuerzo humano. Lo puso en práctica en varias empresas, pero no tuvo éxito.

Robert Blake y Jane Mouton[3] desarrollaron el *grid* o grilla, donde grafica-ron la relación entre el interés por la producción y el interés por las personas. La grilla es la siguiente:

Grilla de Blake y Mouton

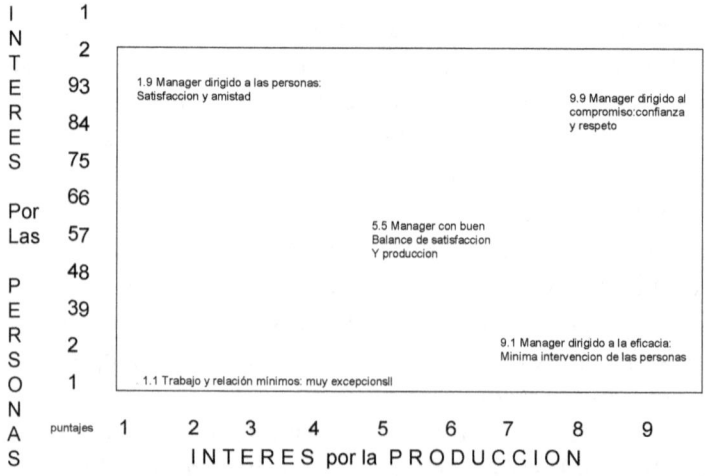

El modelo 9.1 es el modelo autocrático, donde lo que importa es la producción y a las personas se las trata como máquinas, parte de la producción. Es el modelo tayloriano.

El modelo 1.9 es el gerente tipo club, donde lo que importa es la buena relación y la satisfacción mutua. En general, la producción se hace, aunque no es el elemento importante.

El modelo 1.1 es el de una gerencia empobrecida donde las personas no son tomadas en cuenta, pero la producción tampoco se cumple.

El modelo 5.5 es un modelo de balance suficiente entre la necesidad de producción y la relación con las personas que permite adecuada y ajustadamente cumplir con ambas partes.

Por último, el modelo 9.9 es el de una gerencia que toma altamente en cuenta a las personas y cumple con las necesidades de la empresa. Es el trabajo en equipo, el punto máximo de eficacia gerencial.

Blake y Mouton desarrollaron un seminario especial, el Seminario de la grilla, para la evolución de los gerentes, de manera que pudieran llegar a actuar dentro del modelo 9.9.

Más adelante, Abraham Maslow primero y Frederick Herzberg después trabajaron la motivación sobre la base de las necesidades. Maslow[4] estableció cinco niveles:

1. necesidades fisiológicas, que son las básicas de alimento y supervivencia;
2. necesidades de seguridad física y emocional, que se complementan con las anteriores;
3. necesidades de pertenencia y de relaciones sociales, que son el primer grado de las necesidades superiores;
4. necesidad de autoestima y de estatus, que se relacionan con la valía personal;
5. necesidad de realización personal y de satisfacción.

La escala de Maslow ha sido criticada ya que, en esta propuesta, unas necedades estaban supeditadas a las otras. Primero había que satisfacer las de nivel 1, luego las de nivel 2 y así sucesivamente. Pero si en un momento aparecían nuevamente las necesidades de nivel 1, todas las demás perdían su importancia. Este es un supuesto que no se corresponde con la realidad y que no ha podido ser comprobado. De hecho, personas muy motivadas han trabajado en los niveles 4 y 5 despreciando los otros, despreocupándose hasta por la propia alimentación absorbidos por su motivación básica.

Por su parte, Herzberg[5] desarrolló un modelo de dos factores. A partir de una serie de investigaciones en las que los participantes confeccionaban una lista de aquello que les producía bienestar y malestar, determinó que no había una correlación entre tener algo o su falta. Por ejemplo, mientras el logro era una fuente de satisfacción, la falta de logro no era causa de malestar. La remuneración, por lo general, era una fuente de malestar, y en menor medida de bienestar. Sobre esta base, concluyó que había dos grupos de factores distintos.

Por un lado, estaban los factores de mantenimiento o factores higiénicos. Éstos eran, básicamente:

- Relaciones interpersonales
- Calidad de la supervisión
- Políticas y administración de la empresa
- Seguridad en el empleo
- Remuneración
- Condiciones de trabajo

Por otra parte, estaban los factores motivadores, que eran, básicamente:
- Reconocimiento
- Progreso
- Logro
- Posibilidad de crecimiento
- Responsabilidad
- El trabajo en sí mismo

Este modelo ha servido para abrir perspectivas sobre distintos elementos que convergen en el trabajo y ha destacado la importancia de algunos intrínsecos sobre otros.

El hecho de estar limitado a personal administrativo y profesional ha determinado lo reducido de su aplicación. Podríamos decir que más que una explicación específica es una aproximación a un problema que, en la década de 1950, estaba circunscripto al simple cumplimiento de las tareas, abriendo para ese momento otras perspectivas.

La motivación es la cualidad que mejor demuestra la modernidad del *manager*. Una gran cantidad de *managers*, aunque digan "lo que corresponde" a la actualidad, siguen actuando como antes de que la tecnología revolucionara las comunicaciones. Hoy el empleado de todo nivel dispone de mucha información en la sociedad y todo el tiempo le están pidiendo su opinión, pero cuando llega a la empresa no es habitual que le deleguen con claridad el poder y le pregunten qué opina.

Este cambio de situación se explícita en los requerimientos al *manager,* que hoy son diferentes.

Antes se basaba en su jerarquía.
Hoy debe poseer conocimientos que lo avalen

Antes ejercía su autoridad sobre la base del mando.
Hoy tiene que hacerlo sobre la base de la convicción (sin abandonar su poder).

Antes debía tener moderación en los procesos
Hoy tiene que tener velocidad, agilidad y habilidad para el cambio.

En este contexto, el *manager* tiene que motivar. Sin embargo, los hombres no actuamos por cualquier causa. Ni siquiera nos ponemos en marcha todos por las mismas cosas y en la misma proporción, sino que cada uno de nosotros tiene ciertos motores más exacerbados que otros. Incluso, tenemos diferentes motivos en distintas etapas de la vida.

Por lo tanto, dar motivo para algo significa:

1. Tomar en cuenta cuáles son las causas generales por las que los seres humanos nos movilizamos.
2. Tomar en cuenta en qué proporción las personas a las cuales nos referimos priorizan estas causas generales, cuáles pesan más en esas personas, en ese momento.

Estas causas generales, por las que las personas nos movemos hacia algo, están ancladas en las necesidades. Estas son:

- Vivir
- Hacer
- Crecer
- Tener
- Pertenecer
- Ser reconocido
- Dar seguridad
- Trascender

Estas necesidades están presentes en forma activa en la tarea y profesión de cada uno de nosotros. Por esto es que el *manager* puede actuar para dar motivo a las personas que coordina y proveer a esas necesidades:

Necesidad del hombre		Acción posible de la empresa
Vivir-Hacer		dar trabajo.
Crecer		dar oportunidades de mayor y entrenamiento.
Tener	=	pagar una remuneración interna externamente equitativa, dar
Pertenecer	=	dar signos al empleado de que de la empresa y del grupo.
Reconocimiento	=	dar signos de que el trabajo está
Seguridad		dar seguridad en el trabajo y el error.

Trascender	=	dar posibilidades de que que hace.

Entonces, ¿qué puede hacer concretamente el *manager*, para motivar a las personas a quienes coordina?

1. Respecto de la necesidad de vivir, el *manager* no puede hacer nada.
2. Respecto de la necesidad de hacer, el *manager* la completa, al darle trabajo a la persona.
3. Respecto de la necesidad de crecer, el *manager* puede:

- utilizar técnicas de evaluación de desempeño,
- utilizar técnicas de desarrollo de personal,
- dar capacitación de distintas maneras.

4. Respecto de la necesidad de seguridad, el *manager* puede dar seguridad en el trabajo, en tanto la persona cumpla con la tarea, y ser equitativo para ayudar a quienes tienen dificultades, desarrollando en conjunto planes de recuperación, pero siempre sujeto a las dificultades propias del mercado.
5. Respecto de la necesidad de pertenencia, el *manager* puede: dar signos de que esa persona es parte de la empresa, de acuerdo con las pautas culturales de cada una.
6. Respecto de la necesidad de reconocimiento, el *manager* puede: dar un trato equitativo, lo que no significa igualitario, sino aplicando las mismas normas para todos. La remuneración es, en general, un fuerte signo de reconocimiento dentro de las políticas de la empresa; también lo son la evaluación de desempeño y las oportunidades de promoción o entrenamiento.
7. Respecto de la necesidad de tener, el *manager* puede: dar una remuneración equitativa interna; puede dar poder, delegar con claridad, como indicamos

más adelante; puede dar participación en la información y en la opinión,
abriendo la posibilidad real de que las personas expresen su parecer.

Estos son puntos cruciales en la motivación. Por otra parte, hemos hecho referencia al caso de las empresas que ponen en práctica el principio del empleado-accionista, lo que incrementa aún más esta motivación.

Se puede dar participación o no. Si las personas pueden participar de, por ejemplo, una reunión semanal, donde no sólo se informe sino que además se opine, se acentúa el interés por lo que se hace.

8. Respecto de la necesidad de trascender, el *manager* puede hacer que las
tareas trasciendan su mero acto, a través de firmas, señales o códigos con
el nombre.

El *manager* debe ser claro sobre las cosas que no puede dar o hacer, aunque a veces puede verse influenciado por las personas que lo presionan para lograr algunas de estas cosas:

- Comprarle un auto, un. departamento u otros bienes.
- Ponerlo siempre en primera fila.
- Darle más seguridad que la que el mercado permita.
- Lograr que todo el mundo lo quiera.
- Compensar el exceso de información que da la sociedad.
- Dar el reconocimiento incondicionado que otorgan otros grupos, como el barrio.
- Solucionar problemas de familia.

Con esto lograremos que las personas que trabajan con nosotros alcancen resultados importantes y muestren una buena actitud, porque tienen motivos para hacer las cosas, es decir, para estar entusiasmadas con su trabajo.

Desmotivación

Las situaciones que producen desmotivación son múltiples y habrá que analizarlas en cada caso en particular. Pero hay algunas líneas generales sobre aquellos temas que hacen que las personas pierdan su motivación.

Hemos tomado la lista que Dean Spitzer propone en *The Seven Deadly Demotivators,* sobre posibles desmotivadores que usaremos como referencia para el tema:

1. La política;
2. Expectativas dudosas;
3. Reuniones improductivas;
4. Hipocresía;
5. Los cambios constantes;
6. Retener información;
7. Estándares de baja calidad;

Podemos agregar que también es desmotivadora la sensación de recibir una remuneración por debajo de la debida, o de discriminación o, de que la tarea es monótona. En fin, toda sensación de ser maltratado, aun en formas sutiles, hace que las personas pierdan la motivación.

Enriquecimiento de tareas

En la década de 1960 se pensó que una manera de motivar a las personas era ampliar su puesto. Con tareas nuevas se sentirían más interesadas y, por lo tanto, más motivadas. Una de las primeras cosas que se aprendió es que el 50% de ellas no estaba interesado en modificar su situación. Esto redujo el campo de acción de una manera considerable.

Trabajando entonces sobre las personas que querían ampliar su puesto, se llegó a la conclusión de que en realidad el "alargamiento del puesto", o *job enlargement,* no producía mayor efecto. Las personas se sentían cargadas de trabajo pero sin mayor interés, por lo que en el fondo resultaba más de lo mismo.

Herzberg planteó entonces el *job enrichement,* o enriquecimiento del puesto. Este concepto no trataba de hacer más largo el puesto sino más profundo. No se trataba de dar más trabajo sino de delegar más poder.

Confianza y pertenencia

Un *manager* debe lograr que quienes trabajan con él le tengan confianza y se sientan parte del grupo y de la empresa. Pero para que una persona confíe en su superior, éste tiene que ser transparente. La misma transparencia que reclamamos en la sociedad en general, las personas la demandan de la organización. Por esto analizaremos seis puntos en particular.

1. La visión no puede ser una imposición "compartida".
2. El análisis de la realidad tiene que ser aceptado como cierto y, por lo tanto, las brechas deben ser definidas.
3. Las estrategias deben ser desarrolladas por cada grupo de trabajo en común si deben funcionar cuando sean objetivos.
4. Los objetivos tienen que ser acordados y revisados en cada momento preestablecido.
5. El poder se entrega con claridad.
6. En los objetivos o en los procesos habituales hay momentos de control o de revisión de avance.

El grave problema de la falta de pertenencia

Las empresas, empezando por las multinacionales, diseñaron políticas similares a las que habían dado tan buenos resultados a los ejércitos y las iglesias para atraer a los mejores candidatos. Estas políticas se basaban en:

a. desarrollar culturas propias muy fuertes y el concepto de la familia tal
(aquí iba el nombre de la empresa),
b. prometer seguridad en el trabajo de por vida,
c. motivar mediante el poder y el logro de objetivos,
d. lograr trascendencia a través de puestos de importancia en la organización.

Al producirse la globalización, las empresas tomaron conciencia de que ya no les era posible asegurar un trabajo estable; entonces alguien inventó que los nuevos jóvenes eran los que no querían más estabilidad, sino que deseaban cambiar constantemente de empresa. Otro miró el reverso de la moneda e inventó el "I&Co.", es decir que la empresa soy yo y yo tengo que proveer a mi empresa. Lo que no dijeron (o no pensaron) ni uno ni otro es que el mercado es más amplio: hay mayores de 45 años, menores no jóvenes y jóvenes sin potencial. Por otra parte, las empresas también necesitan personas con poco o ningún potencial y no sólo personal que lo tenga.

Al mismo tiempo, enfrentadas a esta nueva situación, las personas se encuentran con que tienen que salir a vender su imagen y su curriculum, y vender es una de las actividades en que más se expone la autoestima, en especial si se trata de uno mismo.

Las empresas, ante esta situación, disponen de cuatro caminos posibles:

1. El primero es mantenerse en la situación vigente. Los problemas que se enumeran no son reconocidos como tales o ya se está acostumbrado a ellos.
2. El segundo camino es el de los *talkers*. Son los autores

que dicen que hoy tenemos problemas, que las personas tienen que poder pertenecer y que hay que hablar con ellas para que se den cuenta de la ventaja de pertenecer sin estabilidad.
3. El tercer camino es el que señala Pfeffer cuando dice que hay que dar estabilidad y que esto ha sido siempre fundamental. Por ejemplo, los bancos europeos que mantuvieron la estabilidad en momentos de crisis le ganaron mucho terreno a los bancos norteamericanos que, ante la misma situación, despidieron a su personal y luego no estuvieron preparados para el nuevo crecimiento.

Por último, siendo evidente que la seguridad en el empleo no se puede garantizar y que no sólo hay jóvenes que quieren saltar por norma de una empresa a otra, la cuarta posibilidad es que el empleado sea socio.

Lo fundamental, no lo olvidemos, es que los hombres necesitamos pertenecer. Cuando no lo logramos, cuando no nos lo permiten, cuando nos quieren engañar, nos sentimos muy mal y actuamos en consecuencia. Por eso, hay que tomarlo en cuenta y buscar soluciones en verdad útiles.

En esta realidad nueva, muchas empresas han optado por adherir al viejo concepto de la utilidad del dinero como motivador. De nada sirve que Herzberg haya demostrado que el dinero tanto es motivador como desmotivador. La creencia de que las personas responden al dinero está arraigada en el *management,* en todo el mundo.

CAPITULO 8

EL CAMBIO

El cambio

El cambio se ha convertido en el tema central del *management,* no por moda, sino porque la tecnología hace que las situaciones tiendan a ser cada vez más cambiantes.

Este tema complejo que se inicia en la Filosofía y no se comprende sin ella, encuentra antecedentes en los primeros momentos del pensamiento humano. Desde la remota antigüedad (siglo VI a.C), el hombre creyó que no había cambio. Parménides y otros afirmaron que no había movimiento. Subsiguientemente, Heráclito postuló que el mundo era un fluir constante y de allí surgieron distintas tendencias. Fue quien sostuvo que nadie se baña dos veces en el mismo río, queriendo hacer notar que el río cambia constantemente.

Lo que nos dice todo esto es que:

1. El cambio es un tema complicado cuya comprensión ha ocupado a los hombres a lo largo del tiempo.
2. Lo que defino como tal o cual cosa, no es tal o cual cosa, sino la apariencia de algo que acordamos llamar así. Esto es lo que puedo alcanzar a ver que cambia.
3. Los sentidos, la base sobre la cual nos manejamos, no son objetivos como pretendemos, sino subjetivos, ya que no pueden conocer la esencia sino sólo la apariencia.

Por otra parte, esto significa que nuestra realidad responde a la manera en que percibimos los fenómenos o apariencia a partir de nuestros genes y de un proceso de crecimiento. Así, aunque la realidad no está caprichosamente construida, ni tampoco lo está a nuestra medida, la de cada uno, es la realidad que hemos podido construir (véase Watzlawick).

Podríamos definir el concepto de cambio diciendo que cambio es variación o alteración de una situación existente, entendiendo por variación la modificación sucesiva y menor, y por alteración, la modificación drástica y mayor.

La pirámide personal

Para facilitar la comprensión de los elementos a considerar al hablar del cambio, hemos recurrido a la imagen de la pirámide. Esta división del hombre es meramente enunciativa y la intención es, repetimos, allanar el tratamiento de estos temas. Los niveles son tres:

Las acciones, lo que se ve, lo que los hombres hacemos, es decir, el fenómeno, lo aparente.

La napa de las actitudes, valores y creencias, lo que podemos cambiar con mayor o menor esfuerzo.

La roca, nuestro ser más profundo. Allí están los genes, nuestras experiencias más trascendentales, no sólo las infantiles sino también las que nos han marcado de forma indeleble a lo largo de la vida.

LA ROCA

Así, el primer nivel es la expresión de los otros dos. O sea que cada uno de nosotros hace lo que puede, no lo que quiere. Como seres relativos que somos, eso es lo que podemos hacer.

La libertad es una cuestión central en nuestras vidas y no se le debe restar importancia.
En algún punto las influencias se cruzan e impulsan a la persona a actuar de determinadas maneras. Si una conducta le resulta exitosa, tenderá a repetirlas. Si sigue creyendo que le resulta exitosa, se convertirá en parte ineludible de su manera

de ser, y se resistirá a abandonarla por el temor a ensayar conductas no experimentadas.

Otras veces el hombre tiene la compulsión de actuar, y no puede impedirlo, aunque sea consciente de que su accionar no es ético. La compulsión es inevitable. En este campo hay una amplia variedad de deseos, instintos, sentimientos e influencias que enturbian la libertad absoluta. Nuestra libertad es relativa y está limitada por lo interno de cada persona y por lo externo a ella. Por eso, la libertad es un bien que no puede demostrarse ni puede rebatirse. Con el nivel de conocimientos actuales, lo que podemos asegurar es que existen tendencias e influencias, que hay compulsiones, que hay genes que nos llevan inexorablemente a la depresión, pero no podemos decir que esto no sea sino un marco y que en ese marco podemos decidir.

Pero, al mismo tiempo, cuando dos personas se reúnen establecen reglas. Sean estas escritas o no, son las normas con las que gobernarán sus vidas, de manera que la convivencia tenga claridad. Cuando se trata de grupos, sociedades, países o naciones, se tiende más a las normas escritas. Las otras siguen existiendo y se denominan costumbres; las escritas, leyes. Leyes y costumbres establecen las reglas de juego en la sociedad. Este es el derecho, y a cada transgresión corresponde una pena, porque no hay transgresión si no hay pena; deja de serlo para convertirse en un hábito común en la sociedad.

En las relaciones entre los hombres, ambas disciplinas han estado siempre separadas pero siempre superpuestas. Han estado separadas porque los hombres necesitan establecer normas que se respeten para poder vivir en sociedad. Pero aparece la consideración humana, la psicología que modifica al derecho. El matador sigue siendo culpable, pero puede ser internado en un sanatorio en vez de en la cárcel; puede ver reducida su condena; puede, incluso, ser absuelto.

Por eso, cuando integramos un grupo, podemos tener muy buenas razones para hacer tal o cual cosa, pero debemos saber que seremos castigados o premiados según los códigos de ese grupo, más allá de los límites de libertad que, en apariencia o en verdad, hayamos tenido.

1. En psicología se considera particularmente el desarrollo de Watzlawick, dé cuatro niveles. El primero es el que corresponde a la percepción de los objetos; el segundo, el conocimiento acerca de los objetos; el tercero, la visión unificada de esas percepciones que explica el mundo y define su ser-en-el-mundo; el cuarto, un nivel donde sólo pueden lograrse destellos de visión y pocas veces claras expresiones y que corresponde al nivel desde el cual el hombre considera las premisas de tercer nivel.

    Lo cierto es que el crecimiento y la formación del hombre se desarrollan en el ámbito de una sociedad, que le da los elementos necesarios para vivir. De ella obtiene, creencias, ideas, valores y límites. Aquéllas para poder crecer, éstos para estar contenidos.
    La vida es una energía que nos moldea y la usamos en la convivencia con los demás. Cada uno hace su camino en un cierto sentido. ¿Por qué nos extrañamos cuando las personas pretenden seguir usando su energía del mismo modo que antes? ¿Por qué suponemos que nuestro solo deseo actuará mágicamente sobre ellas y las hará cambiar de actitud, de rol, de pauta? Porque quien decide un cambio, lo hace en el momento en que llega a la conclusión de esa necesidad, lo que no significa que el otro haya llegado a la misma conclusión o que ni siquiera haya pensado en eso. O sea que lo natural es que aquel a quien le hablemos de un cambio quiera seguir haciendo las cosas como las hacía, es decir, producirá resistencia al cambio; incluso, quien quiera cambiar algo en sí mismo encontrará la reacción del otro exigiéndole que no cambie. Y cada individuo mostrará reacciones diferentes de acuerdo con la percepción que tenga de sí mismo y de los demás.

El plan de cambio

El cambio tiene un proceso propio ajeno al asunto que se desea cambiar. Por un lado, se deben determinar algunas cuestiones previas, por ejemplo:

- Quién cambia
- Cuándo cambia
- Velocidad del proceso
- Profundidad del proceso
- Cambio de una persona por otra
- Resistencia al cambio

Por otro lado, hay cuestiones que hacen a la descripción global del tipo de cambio. Ellas son:

- Cambio no planificado
- Cambio planificado
- Cambio cotidiano
- Cambio menor
- Cambio mayor (cerrado - abierto)

Analizaremos cada uno de estos temas. **¿Quién produce el cambio?**

Los cambios suelen ser provocados por las personas que están en los márgenes de la sociedad. Quienes se encuentran en el centro, se hallan en una posición de seguridad que no las hace desear modificaciones de ningún tipo, porque eso supondría que las cosas cambiarían también para ellas.

Por otra parte, en las empresas hay cosas prohibidas, cosas permitidas y cosas exigidas. Como en cualquier sociedad o grupo, ciertas cuestiones son bien vistas, otras se aceptan y otras están decididamente prohibidas.

Si reunimos las dos cuestiones, posición en la sociedad y temas permitidos o no, podremos ver que los cambios los producen en general quienes están en la zona de lo permitido aunque muy cercanos a lo prohibido o aun con un pie en ellas.

El cambio social se inicia, en general, en zonas intermedias, porque en ellas las personas poseen instrucción suficiente para poder advertir lo que está ocurriendo y reconocer otras posibilidades. Las personas de las zonas más marginales no están en condiciones de instruirse como para ir más allá de una rebelión, que suele ser rápidamente sofocada.

En las empresas el cambio es liderado por los niveles superiores. Cualquier acción en otros niveles implica provocar un conflicto hacia arriba, lo que no es habitual, o convencer al otro para que deje hacer. La cuestión es que ese otro, el *manager,* no es un ser exótico. Tom Peters, en *In Search of Excellence,* dijo que cuando incorporamos *managers* tratamos de conseguir a quienes han tenido las mejores notas del secundario, las mejores de la universidad, quienes hicieron un máster, están casados, tienen hijos, viven en un buen barrio tradicional y visten elegantemente. Pero no bien entran a la empresa les pedimos que sean innovadores y revolucionarios.

El *manager* es conservador. Se trata de una persona que no sólo acepta las reglas del *establishment,* sino que las sigue, las escala y, por último, las establece. El *manager,* propietario o no, es una persona exitosa. Cuando ese *manager* se decide a cambiar algo, actúa dentro de sus valores, pone mucha energía en el proceso y una importante cuota de omnipotencia. La mayoría de los *managers* que lideran un cambio no lo hacen porque ellos cambien. Si se cruza en un momento dado con el camino de una organización que precisa de eso mismo que él tiene, en ese cruce de caminos es donde se definen las modificaciones.

¿Cuándo se cambia?

Hemos visto que todos tenemos una clara tendencia a seguir siendo como somos. El cambio se producirá cuando algo interior o exterior a nosotros nos convenza de cambiar. Para esto es necesario que lo otro nos parezca mejor que lo que hacemos o tenemos. Las personas cambiamos cuando creemos que la nueva situación es preferible a la actual. Este es un principio fundamental que debemos recordar siempre, porque es la clave para el éxito de un cambio.

En una empresa se cambia:

1. Cuando una persona con visión, a nivel jerárquico alto, induce a la organización a cambiar.
2. Cuando hay una crisis de magnitud suficiente.

Velocidad y caos en el cambio

Los seres humanos estamos habituados a cambiar a la velocidad de la naturaleza; así cambiamos nuestras células y así hemos vivido por siglos. El motor modificó la velocidad del cambio y ahora el *chip* la ha llevado casi al infinito. Para seguir estos procesos tenemos que estar en permanente sobreexcitación, muy por encima de la que teníamos cuando éramos labradores. Como parte fundamental de nuestras vidas, los hombres tenemos que mirar nuestro entorno y a nosotros mismos como mundos en quietud, formas estables, sistemas en equilibrio, para que el desorden no invada nuestro ser, que es tanto como que la locura nos invada.

Sin embargo, la vida es un movimiento permanente, en el interior de cada uno de nosotros y también en el exterior. Pero este movimiento está, a su vez, en equilibrio permanente.

El problema que enfrentamos hoy los hombres es que a las mayores velocidades se suma la proximidad de un cambio con otros. Una vez que hemos iniciado uno ya nos están hablando de la posibilidad de otro más, tornándose todo mucho más inestable.

La teoría del caos nos indica que la situación de cambio es permanente entre pequeñas diferencias. La palabra "pequeño" es clave en la descripción de la vida humana y de las relaciones que mantenemos. La teoría de los sistemas se basa igualmente en el hecho de que los cambios pequeños son los que eventualmente producen los grandes cambios, ya que cada uno de ellos da lugar a otra serie de modificaciones, lo que

Karl Popper (1902-1994) en *La lógica de la investigación científica* llamaba "la política de los pequeños pasos", frente a lo cual Gregory Bateson (1904-1980) decía en *Mind and Nature:* "Quien quiere hacer el bien debe hacerlo en los pequeños detalles. El bien general es la coartada de los patriotas, de los políticos y los bribones".

La profundidad del cambio

Muchos de los anuncios de cambio en la empresa son falsos. Se realizan debido a una acción contra ella por problemas de polución, o porque ha habido un fraude, o un accidente, pero nadie piensa en cambiar. También pueden ocurrir cuando una nueva plana directiva se hace cargo de la empresa.

Hay, es cierto, cambios pequeños, cotidianos, deslizamientos de costumbres. Pero los cambios, para ser profundos, necesitan tiempo y convicción. El cambio rápido, profundo y estable es imposible a pesar de lo que se enuncia y propugna en las organizaciones. Un cambio puede ser rápido siempre que sea superficial, y si es profundo y rápido volverá en poco tiempo a lo anterior.

El cambio de unas personas por otras

Una situación particular es la del cambio de personas, lo que significa despidos u otras formas de desvío. Despedir supone un conflicto previo y otro posterior, pero a veces no queda otro remedio. Sin embargo hay una tendencia a exagerar los casos en que se dice que no hay más remedio. En general se debe más al deseo de quienes manejan el proceso de cambio de despedir a una persona determinada, que a la imposibilidad de encontrarle una salida a la cuestión.

A veces, los despidos responden a que el gerente quiere demostrar a los accionistas su carácter para hacer los cambios que se propone, lo que no significa que lo ayude en el proceso de cambio. En todo caso, el despido de una persona en un grupo modifica las relaciones dentro del mismo, no importa si era líder, un miembro más o alguien a quien no se quería; siempre habrá cierta reacción, algo de compasión y el miedo de ser el siguiente en la lista. De hecho, las compras de empresas han dejado de ser una masacre; porque por fin las empresas se han dado cuenta de lo que era obvio: el daño resultaba mayor que el beneficio.

Resistencia al cambio

Cada persona es de una determinada manera, gusta de ciertas cosas, otras le disgustan. La personalidad es un conjunto de creencias, de ideas y de sentimientos. Cada uno se identifica consigo mismo y en la reacción a favor o en contra de algo. Habitualmente, elegimos siempre el mismo tipo de cosas y de situaciones, y preferimos el mismo tipo de personas. Esto es lo natural y es natural que cada persona quiera ser como es. Por lo tanto, cuando a alguien se le propone un cambio, también es natural que esa posibilidad no la convenza y que, eventualmente, ofrezca resistencia.

Quienes proponen un cambio, si son honestos, creen realmente en su conveniencia. Sin embargo, no hay nada más difícil de demostrar que la ventaja de un cambio. Conocemos lo que es y cómo está. ¿Por qué tenemos que creer que lo que vendrá será mejor? En algunas situaciones podemos encontrar argumentos fáciles, como una casa mejor, y sin embargo aun en estos casos habrá quien no esté de acuerdo.

Si empezamos por preguntarnos qué puede sentir y pensar la gente respecto de un cambio, habremos dado un enorme paso para lograrlo y para disminuir la resistencia. La cuestión no es sólo lógica, hay resistencias psicológicas e incluso de tipo social, tales como relaciones personales, cuestiones políticas o intereses creados.

Como en todos los temas, existen muchas categorizaciones. Tomamos la de Jeffrey Pfeffer, quien describe las siguientes barreras de resistencia al cambio:

1. **Estratégicas** y **financieras:** cuando se plantean fuertes estrategias relacionadas con posibilidades de realización y fracasan; o cuando se requieren inversiones en máquinas y capacitación alejadas de lo posible.
2. **Sociales:** cuando el modelo de *management* planteado por las publicaciones se vincula con un hombre que hace las cosas (el *manager*), y no con los miles que en realidad las efectúan. De esta manera, el *manager* se ve presionado a actuar como ese líder exitoso y se convierte en una barrera real a los cambios.
3. **Políticas y de poder:** cuando se plantea un cambio en un lugar que no es nuevo, lo que implica que se han cometido errores antes, que otros han hecho las cosas mal, lo que representa otra barrera.
4. **Jerárquicas:** cuando quienes tienen el poder no son proclives a introducir modificaciones y Recursos Humanos no tiene fuerza dentro de la organización.

La resistencia podrá ser abierta o encubierta. Recordemos siempre que la abierta es más honesta, por lo cual, si la bloqueamos, podemos encontrarnos con sorpresas poco agradables; en cambio, si la tomamos en cuenta, estaremos mejorando la situación.

Por otra parte, la resistencia encubierta es peor, y detectarla es muy importante. Habitualmente se presentará bajo otras razones o argumentos distintos que los reales, los que nos harán trabajar en el sentido incorrecto.

Además, debemos prever las resistencias de los que nos apoyan. Puede ser que algunos no estén totalmente de acuerdo con nosotros, pero prefieran no decirlo en una primera instancia, por las razones que consideren oportunas (no enfrentarse por nimiedades, esperar a que la situación esté consolidada, etc.). Pero en algún momento resistirán sorprendentemente algunos pasos y entonces quizá no entendamos qué está pasando con el proceso.

Una regla fundamental del cambio es que toda vez que la nueva situación produce dificultades o molestias, las personas tienden a volver al estado anterior. Por eso es posible advertir al poco tiempo que aquello que dábamos por cambiado se vuelve a hacer como antes.

El proceso de cambio

Como vimos, el cambio se puede clasificar en:

	Planificado	No planificado
Cotidiano	1	2
Menor	3	4
Mayor: Cerrado	5	6
Abierto	7	8

De los ocho casos posibles de cambio, tres no ocurren: el caso 2, ya que los cambios cotidianos no se planifican. Los casos 5 y 7, ya que los cambios mayores necesariamente se planifican. Los otros casos los consideraremos a continuación.

El cambio cotidiano

Todos los días podemos hacer cosas diferentes que pueden convertirse en costumbre o no. Si las repetimos, habremos producido un cambio, seguramente pequeño; si no las repetimos, habremos modificado nada más que un hecho aislado.

El cambio menor

Definimos como cambio menor al que, sin ser un deslizamiento cotidiano o un accidente, no tiene las características organizacionales de cambio mayor. Periódicamente hacemos cambios menores, como puede ser un archivo o un distribuidor, para los cuales seguimos básicamente los mismos pasos que para el cambio mayor.

El cambio mayor

El cambio mayor, que busca la modificación de elementos de cierta importancia en la empresa, debe ser planificado, aunque haya quien lo actúe instintivamente, como ocurre con la mayoría de los procesos de cambio. Se lo puede planificar utilizando una metodología de liderazgo cerrado o de liderazgo abierto.

Liderazgo cerrado

El cambio con liderazgo cerrado es, por ejemplo, un cambio de sistema o un cambio de facturación ejecutado con participación nula o muy baja. Es una forma autoritaria y, por consiguiente, resulta ser un cambio con grandes posibilidades de fracasar. Por eso es que quien quiera llevarlo a cabo deberá tomar importantes precauciones en el proceso, tanto en los aspectos ya indicados como en los que señalaremos en adelante.

Pasos para realizar un cambio mayor:

Visualizar el cambio.
Analizar la visión.
Preparación.
Componentes estratégicos para el proceso.
Buscar aliados.
Comunicar a terceros.
Transmitir urgencia.
Tomar la colina / Rodear al adversario.
Premiar a los comandos por su éxito de demostración.
Cortar lo que haya que cortar.
Comunicar.
Motivar. No hay cambio hasta que el operador no cambia.

a. Los gerentes que al dar una orden creen que por este solo hecho las cosas han cambiado están en un grave error; los hemos visto sorprender se más de una vez y arremeter contra alguien para demostrar más bien su furia que su perspicacia.
b. Para que el operador cambie, debe estar convencido, y para esto tieneque participar en el proceso: no hay cambio sin convicción y no hayconvicción sin participación.
c. Para lograr que el cambio sea más fácil, hay que eliminar los temores de los demás, que no son necesariamente los que nosotros suponemos,por lo tanto hay que preguntar, averiguar, saber, para poder reducirlos.

Consolidar.

Hacer el seguimiento.

Medir.

Liderazgo abierto

El cambio por liderazgo abierto se enfoca en tres principios básicos:

- El cambio lo hacen las personas involucradas.
- El cambio se produce porque las personas consideran mejor la nueva situación.
- El cambio sólo se produce cuando los operadores cambian.

El cambio por liderazgo abierto es aquel en el cual se recurre a la participación activa de las partes involucradas para alcanzar el cambio. Los tres primeros pasos son los mismos que en el caso del liderazgo cerrado, es decir:

Visualizar el cambio
Analizar la visión
Preparación

Como vimos antes en el punto c) de la preparación, una cuestión a decidir es si se sigue la aproximación del liderazgo cerrado o si se opta por el abierto. Si se decide por el liderazgo abierto se seguirá la aproximación de "cambio flexible", que significa aceptar modificaciones a la idea original.

Esta forma de aproximación al cambio presenta las siguientes dificultades:

1. La delegación de poder en el grupo para que elija los caminos que prefiera, así como para que llegue al lugar esperado antes o quizá después de lo que nuestra ansiedad pretendía.
2. Se basa en que los pequeños cambios son los importantes, por lo tanto, no hay grandes demostraciones ni carpetas glamorosas para los asistentes.
3. Nadie puede dar garantías de que el grupo llegará efectivamente al lugar exacto que el jefe quería; pero no hay duda de que llegará a alguno similar.

Otros aspectos del cambio

Los roles

Todo proceso de cambio supone la existencia de ciertos roles en quienes trabajan la cuestión. Estos roles se pueden denominar de maneras diferentes. Básicamente, son los siguientes:

- Idea: una persona o un grupo tiene una idea; esta idea supondrá un cambio.
- Iniciativa: una persona o un grupo toma la iniciativa

para llevar esa idea a la práctica.
- Promoción: hay personas que no tienen poder para efectuar el cambio, pero lo apoyan.
- Apoyo activo: hay personas con poder para hacer el cambio y lo apoyan concretamente.
- Cambio: hay personas que producen el cambio.
- Control: hay personas que hacen el seguimiento del proceso y el control de su mantenimiento.

Estos roles no siempre están presentes ni deben ser personas diferentes quienes los desempeñen. Algunas ideas pueden haberse producido de manera poco definida, y puede ocurrir también que una misma persona tenga más de un rol.

Estructura del cambio

Llamamos estructura del cambio a la situación jerárquica relativa de los que ejecutan cada rol. Algunos casos típicos son los siguientes:

Hay una relación jerárquica directa entre quien tiene la idea y el que toma la iniciativa, quien a su vez es el jefe de quien da el apoyo y éste lo es del que ejecuta el cambio. Es la forma más fácil.

Cuando el promotor de la idea es un *staff* del apoyo, que es quien tiene el poder, y ambos reportan a quien tiene la iniciativa, si hubiere dificultades el jefe las canalizará debidamente.

Si el promotor y el apoyo activo no sólo están separados, sino que además reportan a personas diferentes, las dificultades pueden producirse en dos niveles en vez de en uno solo.

Si quien tiene que ejecutar no está de acuerdo con hacerlo, la situación se complica y entonces, aunque haya apoyo suficiente, el proceso será discontinuo y seguramente abortado.

Cuando un *staff* propone una idea y la línea reporta a otro supervisor, si toda esa línea no está de acuerdo es extraordinario que el cambio se produzca.

Estructuras posibles de un cambio

Tecnología o personas

La discusión acerca de si se privilegia la tecnología o las personas es larga y antigua. No suele haber acuerdo sobre si conviene instalar la tecnología y que las personas se adapten, o ayudar primero a que las personas cambien y modificar después la tecnología.

En realidad, es un proceso recíproco y sucesivo. Un cambio de tecnología sin el acuerdo de las personas involucradas es una pérdida de tiempo y dinero. La situación más conveniente es que quienes deban hacer el cambio lo pongan ellos mismos en práctica.

El problema de pensar

Pensar nunca ha sido una actividad fácil y hoy lo es menos, porque aunque disponemos de mucha información, tenemos menos tiempo.

Primero, debemos distinguir el grupo de las personas que no tienen formación ni información; después, el de aquellas que necesitan ser contenidas por organizaciones. Algunas organizaciones, como los ejércitos y las iglesias, son un ejemplo, pero también las empresas pueden serlo.

Desde otro punto de vista, uno de los problemas más importantes de nuestra época es el hecho de que los medios de comunicación nos van "educando", van acostumbrándonos a ciertas tendencias y formas de ver las cosas, y luego, cuando nos toca elegir, adoptamos lo que ellos nos han enseñado a gustar, creyendo que estamos pensando por nuestra propia cuenta.

En el ámbito empresario, la seguridad de hacer "lo que corresponde" según la moda del momento disminuirá las críticas posibles, porque estamos haciendo lo que se supone hay que hacer. Lo que no podremos decir es que lo hayamos meditado o que sea lo que creemos mejor. Adherimos a algo que nos hace sentir seguros. Así, el miedo a la libertad hace que prefiramos estar contenidos en algo mayor y más importante aunque nos veamos limitados.

Pero pensar es más que imitar. Pensar es razonar a partir de información de todo tipo. Con este propósito, es preciso que nos demos el tiempo y la tranquilidad necesaria para que los pensamientos no sean mera racionalización, sino que fluyan como parte de nuestro ser.

Prevenciones importantes

El cambio, como toda actividad humana, tiene en sí algunas cuestiones habituales o fundamentales que pueden prevenirse. Las siguientes son las más importantes para tomar en cuenta:

1. Un proceso de cambio requiere poder.

2. Cuando una persona que está muy ocupada se involucra en un proceso de cambio es probable que fracase.

3. Otra de las prevenciones fundamentales es la claridad del rol. Si no es claro qué se espera de uno, lo más prudente es no participar, porque en la confusión lo más probable es que se salga maltrecho.

4. Si vemos que nuestro jefe se está involucrando en un cambio para el que no tiene poder suficiente y no atiende nuestras advertencias, es mejor que nos apartemos del tema, porque si las cosas no resultan,

como suponemos que ocurrirá, seremos parte del fracaso y seguramente quedaremos peor parados que nuestro jefe.

5. Las posibilidades de producir el cambio constituyen, obviamente, un
tema central.

6. En muchas ocasiones ocurre que el proceso comienza de acuerdo con lo esperado o aún mejor, y que de pronto empieza a perder velocidad y termina por quedar empantanado.

Podemos cerrar este tema con la afirmación, ahora más evidente, de que el cambio no es una cuestión fácil de lograr. Alcanzarlo ya es difícil; que se mantenga lo es tanto más. No obstante, todos escuchamos hoy día hablar con una gran liviandad acerca del cambio y de los logros de las empresas haciendo cambios. Y esto tiene más relación con lo que vemos en nuestra realidad.
No cabe duda de que se han producido cambios en el mundo y en las empresas. Pero tampoco cabe duda de que muchos más cambios que los realizados son los anunciados como hechos y muchos son también los que se apreció que ocurrían y que luego se volvieron atrás. A veces, con dos o tres cambios de títulos de puestos o de despidos de gerentes, se anunciaba una reingeniería con bombos y platillos. Sin embargo, en verdad el cambio era poco o nulo. Se cambiaba el decorado, pero no la realidad.
Nuestra síntesis aquí sería que no hay que subestimar los procesos de cambio, en la creencia omnipotente de que ocurrirán. Como ya hemos visto, la cuestión es mucho más complicada y, por lo tanto, hay que actuar con la habilidad y el sentido de la realidad suficientes.

Desarrollo organizacional

Warren Bennis señala que "el desarrollo organizacional es una estrategia educativa adoptada para lograr un cambio planeado de la organización".

Richard Beckhard, por su parte, lo define como "un esfuerzo de toda la organización por medio de intervenciones planificadas en los procesos de la entidad, las cuales aplican los conocimientos de las ciencias del comportamiento".

Define como sus características las siguientes:

1. Es un empeño de cambio planificado. Los pasos son:
   a. antecedentes de la cuestión;
   b. definición de la necesidad;
   c. diagnóstico inicial y estrategia;
   d. realizaciones;
   e. resumen y análisis.
2. Compromete al sistema en forma integral, es decir, no parcialmente. Siempre debe estar referido a partes importantes del sistema de la empresa.
3. Debe estar administrado por la alta gerencia. Esto es válido si no se trata de cambios en áreas o zonas específicas que necesitan solamente el acuerdo de la alta gerencia, como puede ser una planta en un lugar alejado.
4. Está ideado para aumentar la efectividad y el bienestar de la organización.

El proceso es, en síntesis, designar un especialista externo que lidere el proyecto y un líder interno. Solos o con ayuda, buscarán los antecedentes de la cuestión y definirán la necesidad. Generalmente, es el especialista externo quien hace el diagnóstico inicial y define la estrategia. Si esto se aprueba por la alta gerencia, comienza el proceso, el cual será diferente en cada caso. Puede iniciarse con un cambio en los sistemas, con reuniones grupales en la alta dirección para precisar algunos elementos, con la definición de niveles en la organización, etc. El proceso no es estático y toda vez que sea conveniente el especialista externo hará las recomendaciones para tomar determinadas acciones. En un momento del proceso se superan los problemas planteados en el diagnóstico y algún otro que hubiera aparecido posteriormente y se lo da por terminado.

El desarrollo organizacional fue un instrumento novedoso y muy potente para promover cambios hechos de manera coherente y mantiene su validez como tal, aunque se tienda a utilizar técnicas más específicas y con agentes de cambio internos.

Su principal problema es que se trata de una técnica que, por ser integral, requiere que toda la organización se involucre; por lo tanto, encuentra resistencias aisladas que dificultan las modificaciones de otros sectores interesados en el cambio. Por otra parte, un cambio integral en un entorno como el actual significa el compromiso por un periodo de cinco años para lograr los cambios deseados. Esto puede darse en grandes organizaciones que atraviesen, además, graves situaciones. En momentos así las personas tienen más interés en reunirse alrededor de un proyecto que pueda resultar salvador para la empresa, aunque implique el despido de algunos. En una empresa que no esté en dificultades o que no haya tomado conciencia de la profundidad de éstas, resulta difícil llevar a cabo un proceso de de en el cambio.

CAPITULO 9

ADMINISTRACION DE PERSONAL

En la década de 1950 en Inglaterra se desarrollaron una serie de técnicas que se denominaron Personnel Administration. Estas técnicas han perdurado con algunos cambios a través del tiempo y son fundamentales para la puesta en practica de cualquier sistema de Recursos Humanos la siguiente es una síntesis del tema.

CUADRO DE TECNICAS DE ADMINISTRACION DE PERSONAL

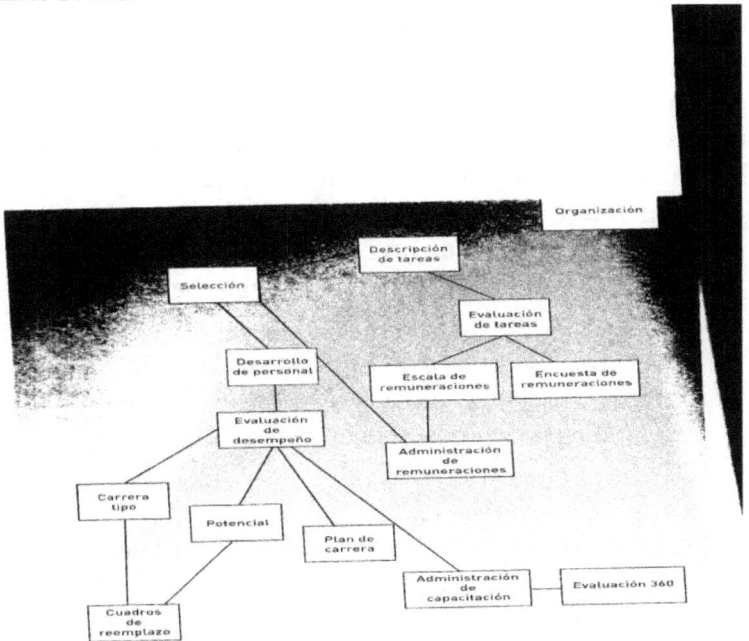

Antecedentes
La selección es un proceso a través del cual se busca a una persona o a un grupo pequeño de personas con la aptitud para llevar a cabo cierta actividad.

El empleo de personal es una de las dificultades iniciales del *management*. Hay personas con una habilidad particular para rodearse de gente capaz y otras, en cambio, para hacerlo de quienes no están en condiciones de cumplir sus tareas. En este caso es habitual que el supervisor sienta miedo de emplear gente capacitada que le pueda "hacer sombra", o incluso sustituirlo. Este recelo no es fácil de superar, ya que sin importar el razonamiento que se le proponga, él seguirá temiendo, lo cual no es una razón sino una emoción.

Pero el tema no termina aquí. Tener las habilidades que reclama el puesto, sin excederlo en demasía, no es el único punto a considerar. Lo más complicado es, seguramente, que quienes ingresen tengan los requerimientos culturales de la empresa en general y del sector en particular.

El otro elemento que se debe considerar es el potencial eventual. La búsqueda habitual de "personas con potencial" no siempre es lo adecuado. Necesitamos tener personas con potencial y otras que no lo tengan, para compensar la dinámica en la cual algunos están satisfechos con quedarse en su lugar y otros tienen capacidad y anhelos de crecimiento.

Cuando la selección se relaciona con un ingreso, hay dos grandes vías iniciales: la selección propia y la efectuada por un tercero.

La selección por un tercero evita tener una estructura especial para hacer las selecciones, lo cual es un costo menos. En el pasado, las selecciones por empresas externas se efectuaban sólo para puestos importantes que requerían confidencialidad y, en más de una ocasión, entrar al campo de la competencia para sacarle gente. En la actualidad, es más frecuente recurrir al *outsourcing,* que es la contratación de un tercero para una función o tarea de la empresa, con el fin de evitar costos extra y mantener el gasto bajo control.

Descripción de tareas

La descripción de tareas se inició a fines del siglo XIX, cuando Taylor trató de desarrollar su organización científica del trabajo.

La descripción de tareas es una manera de establecer los objetivos básicos que deberá cumplir el puesto, es decir, un detalle de su justificación. No es la antigua descripción pormenorizada de operaciones y tiempos, pero tampoco es una hoja genérica sin elementos de definición.

Utilidad de la descripción

Antes de diseñar una descripción de tareas hay que definir en qué vamos a aplicarla, ya que tiene más usos que la simple descripción y nos resulta útil para:

1. Selección del personal
2. Entrenamiento
3. Evaluación de desempeño
4. Evaluación de tareas
5. Fijación de objetivos
6. Coaching
7. Higiene y seguridad
8. Delegación
9. Organigrama

Decisión política

La descripción de tareas se inicia con la aprobación de que éstas se lleven a cabo. Conviene que la decisión política de hacer la descripción surja del nivel ejecutivo más alto de la empresa.

Determinación del área a describir

Es común que haya descripciones de puestos dentro de convenio, aunque su definición suele ser muy genérica. Son más bien definiciones de evaluación de tareas por categorías con tres o cuatro elementos propios que luego permiten discutir en la paritaria la categorización del puesto.

Pero hay otras divisiones posibles. A veces se trata de hacer descripciones de ingenieros o de analistas de finanzas; otras, de todos los empleados, pero no de los gerentes ni de los directores. Hay, pues, diferentes situaciones, que dependen de la cultura de la empresa, de las necesidades específicas y de las condiciones generales, incluidos los sindicatos.

Plan del proceso

Para el desarrollo del proceso hay que definir un plan que determine por dónde se empezarán a hacer las descripciones y por dónde se continuarán. También se puede decidir que las descripciones se hagan todas al mismo tiempo; iniciar el proceso de arriba abajo, de abajo arriba o desde algún sector intermedio.

En realidad, la lógica indica que las descripciones deberían iniciarse de arriba abajo y en toda la empresa. Pensemos que, en verdad, éstas definen el poder que un puesto tendrá en la organización. Lo que una descripción dice que se podrá hacer significa que quien ocupa el puesto tiene el poder para llevarlo a cabo. Esta será, en definitiva, la delegación que habrá recibido de su jefe para hacer algo.

Por lo tanto, lo lógico es empezar desde arriba, donde está el total del poder, e ir descendiendo, delegando y dividiendo ese poder en las fracciones que se van entregando a cada uno de los puestos y, por lo tanto, a sus ocupantes.

Creemos que es conveniente realizarlo en toda la empresa porque esto hace que, en caso de existir dudas sobre la relación de dos puestos respecto de un mismo asunto, se pueda analizar en conjunto. No suele estar muy claro en las relaciones *staff-línea*. Cuál es el verdadero poder del *staff*, que tiene una natural tendencia a tomar terreno de la línea.

Diseño

De acuerdo con las condiciones del plan se llevará a cabo el diseño; sobre esto volveremos más adelante.

Cronograma

El proceso de descripción de tareas debe tener un cronograma realista. El cronograma debe considerar un tiempo de consulta de los involucrados, otro de realización de la descripción, otro de revisión por parte de quien deba hacerla y otro para la aprobación final. Los dos últimos pueden ser uno solo según quien apruebe la descripción.

Descripción grupal

En general, la descripción será de un puesto, por lo tanto, de un ocupante con su supervisor. Sin embargo, puede ocurrir que haya más de un ocupante o más de un supervisor. En el primer caso, se trata de puestos iguales en un sector determinado. Así, por ejemplo, puede haber varios analistas contables que hagan la misma tarea; puede ocurrir, también, que se trabaje por centros de producción y que los componentes del grupo hagan indistintamente todas las tareas y tengan que estar preparados para desempeñarlas. En estos casos, la descripción debe ser hecha por el grupo de personas que realiza la misma tarea. En estas reuniones surgirá si hay pequeñas diferencias entre ellos, y será responsabilidad del supervisor y de Recursos Humanos evaluar si éstas pueden ser definitorias a la hora de seleccionar a alguien o de evaluar el puesto. Todos los componentes del grupo deberán firmar el formulario.

Puede ocurrir, por otra parte, que haya dos supervisores o más. El primer caso típico es el del supervisor de línea y el supervisor de asesoría o *staff*. Ante esto, una vez hecha la descripción, ambos supervisores deberán recibir copia, analizarla y luego dar su acuerdo o discutir los términos de lo que será el documento sobre cómo deberá manejarse el ocupante en el futuro. También ocurre en algunos puestos, sobre todo comerciales, con más de dos supervisores, ya que manejan más de dos productos. En este caso se deberá hacer lo mismo que en el anterior y los supervisores darán su acuerdo o discutirán los términos. En ambos casos todos los supervisores involucrados deberán firmar el documento.

Una vez hecho el cronograma se hará la comunicación; sobre esto volveremos más adelante.

Diseño del formulario de descripción de tareas
El formulario puede ser diseñado por:
1. Recursos Humanos
2. Un consultor externo
3. Un comité

No aconsejamos la creación de un comité, que en general es ineficaz para diseñar formularios. Un formulario tiene que cumplir con el objetivo para el que se crea y tiene que tener los elementos necesarios para cumplirlo. Creemos, por el contrario, que una vez diseñado un borrador del formulario Recursos Humanos debería entrevistar a diferentes personas de los distintos niveles que se verán involucrados en el llenado, para corroborar que están incluidos todos los elementos necesarios y que, a la vez, resulta fácil de comprender y de completar.

Entrenamiento

El entrenamiento sobre el modo de completar el formulario se hará junto con la comunicación. Un entrenamiento sofisticado sólo es necesario cuando el formulario de descripción es muy complejo. Como desaconsejamos hacer un formulario que resulte una carga innecesaria para la línea, creemos que la comunicación es un momento adecuado para dar el entrenamiento necesario.

El formulario

El formulario de descripción de tareas debe ser sencillo, con pocos datos y concretos; no debería ocupar más de una hoja. Los elementos necesarios son, básicamente, los siguientes:

- **Datos generales:** se especifican, en el encabezamiento, los datos que se solicitan, nombre del puesto y del ocupante, departamento, fecha.
- **Función:** se describe en no más de tres líneas la razón por la que este puesto existe.
- **Tareas principales:** se describe en no más de diez líneas las tareas más importantes que este puesto realiza.
- **Decisiones más importantes:** se enumeran algunas de las decisiones que puede tomar sin autorización previa de su jefe.
- **Formación:** se identifica el grado académico y el área o áreas en que debe tener competencia la persona que ocupe el puesto.
- **Experiencia:** se determina el tiempo de experiencia necesario para ocuparlo; no se trata de la experiencia que se requiere para hacerlo correctamente una vez en el puesto.
- **Otros elementos:** pueden requerirse otros datos relacionados con distintas situaciones.

Hay elementos propios de la evaluación de tareas que eventualmente habrá que agregar.

Ejemplos de descripción de tareas

Los siguientes son dos ejemplos, uno de un puesto de operario y otro de un cargo gerencial, que pueden servir para aclarar lo que hemos señalado.

Descripción de tareas

Nombre del puesto: Cortador a mano
- *Departamento:* Planchas
- *Ocupante:* Juan Pérez
- *Reporta a:* Jefe de cortado
- *Función del puesto-.* Cortar planchas de acero
- *Descripción de las tareas:*

  - Cortar planchas de acero a los perfiles necesarios.
  - Seguir las instrucciones del diseñador.
  - Cortar con o sin bisel según el caso.
  - Calentar el metal para su corte o doblamiento.

- *Educación requerida:* Nivel primario
- *Experiencia requerida:* Tres meses como ayudante
- *Habilidades:* Debe conocer los procedimientos de calentamiento y el corte de oxiacetileno, así como el ajuste de presión de los gases; debe saber escoger las boquillas y limpiar y ajustar el soplete y las boquillas.
- *Sexo:* Masculino
- *Tareas que puede hacer sin autorización del jefe:*

  - Pedir a Abastecimiento el acero que precise para la operación encomendada.
  - Pedir a Mantenimiento los arreglos de los aparatos o máquinas.

• Pedir a Abastecimiento los soldadores o el material que requiera para una buena soldadura.

Descripción de tareas
- *Nombre del puesto:* Gerente de Desarrollo
- *Departamento:* Recursos Humanos
- *Ocupante:* Ricardo Rodríguez
- *Reporta a:* Director de Recursos Humanos
- *Supervisa:* Dos jefes y cuatro empleados
- *Función del puesto:* Asesorar y coordinar el desarrollo de los recursos humanos.
- *Descripción de las tareas:*

  • Asesorar a la línea respecto del desarrollo de los recursos humanos.
  • Mantener reuniones con la línea y con el personal para interiorizarse de las situaciones.
  • Tener una completa base de datos del personal.
  • Mantenerse al día sobre nuevas tecnologías.
  • Coordinar el programa de capacitación.
  • Desarrollar proveedores en entrenamiento, personales o institucionales.
  • Controlar los resultados de los entrenamientos.
  • Coordinar el programa de cuadro de reemplazos.

- *Educación:* Universitaria con un Máster en Recursos Humanos.
- *Experiencia:* No menos de diez años en el área, ni menos de cinco como asistente en un puesto similar.
- *Habilidades:*

  • Es responsable por contactos con otras empresas para información.
  • Maneja una caja chica. Requiere imaginación y creatividad.
  • Requiere mantener buenas relaciones.

- *Sexo:* Indistinto
- *Edad:* Deseable entre 30 y 40 años.
- *Tareas que puede realizar sin autorización de su jefe:*

  - Tener reuniones con los gerentes por temas de desarrollo.
  - Contactar instituciones o profesores para capacitar.
  - Mantener reuniones con otras empresas y coordinar intercambio de empleados para experiencia.
  - Coordinar la reunión de Cuadros de Reemplazo hasta nivel gerencial.

¿Quién completa el formulario?

El formulario puede ser completado por:
1. El supervisor
2. El ocupante
3. Un analista
4. Mediante un cuestionario
5. Un comité

Nuestra sugerencia es que la descripción de las tareas sea completada por el ocupante del puesto, que es quien mejor lo conoce. Hecho esto, el formulario debería pasar al supervisor, quien lo revisará. Si tiene objeciones, sea para modificar, eliminar o agregar elementos, deberán reunirse ambos para establecer las características del puesto y las condiciones requeridas.

Aprobación

La aprobación del formulario significa la aprobación del puesto dentro de la organización. Ya que el proceso de descripción de tareas es, en realidad, dejar por escrito la delegación del poder, la aprobación debería quedar en manos del supervisor. Es decir, la lógica es que si el supervisor recibe cien tareas diferentes y delega veinte en alguien que reporta a él, para lo cual crea un puesto, entonces es él quien debe aprobarlo. No nos olvidemos que después será responsable de rendir cuentas de lo ocurrido con todo el trabajo que se le asignó y no es excusa haber delegado mal, sino, por el contrario, otro elemento en su contra.

No obstante, hay organizaciones en las que el jefe del supervisor retiene para sí la aprobación de todas las descripciones.

Comunicación

Conviene manejar dos niveles de comunicación: uno gerencial y otro general. En el primero, se debería tener una reunión con los gerentes de la empresa para explicar las razones, el formulario y el mecanismo. Respecto del resto del personal, se pueden seguir dos caminos: o bien tener una reunión con el grupo para explicar las razones, el formulario y el mecanismo, o bien, de resultar este procedimiento muy engorroso por la cantidad de personas involucradas, hacerlo por escrito.

En todo caso, hay que elaborar un comunicado que contenga los siguientes elementos:

1. Razones por las que se hace la descripción de las tareas.
2. Consecuencias de hacerlo. A veces se supone que esto estará unido a aumentos de remuneración, lo cual no siempre es así.
3. Enumeración de cada uno de los ítems del formulario, desde lo más elemental. Por ejemplo: **puesto:** se colocará el nombre del puesto actual; **ocupante:** se colocará el o los nombre/s del o los ocupante/s actual/es; y así, en cada uno de los ítems, se dará una explicación de lo que hay que poner. Recursos Humanos atenderá las dudas que puedan surgir, lo cual deberá aclararse en la comunicación.

4. A continuación se darán el plan y los tiempos del cronograma.
5. Por último, se adjuntará un ejemplar del formulario. Se suele confeccionar primero un borrador, que podrá hacerse o no en el formulario, y después pasarlo en limpio.
6. Se indicará a quién hay que remitirle el formulario: al superior jerárquico para su análisis y aprobación o, si se aprobara a un nivel mayor, aclarar los dos pasos que habrá que seguir. Por último, solicitar que una vez aprobado sea enviado a Recursos Humanos, a una oficina específica.

¿Cuándo hacer la descripción?

La descripción de tareas se realiza:

1. Cuando se decide hacer un ejercicio general de descripción de tareas.
2. Cuando se crea un puesto nuevo o se cambia la organización.
3. Cuando se efectúa una búsqueda para seleccionar una persona para un puesto, hay que revisar la descripción existente, o hacerla si no hubiere.
4. Cuando se hace una búsqueda interna.
5. Cuando hay una reclamación de revalidación del puesto.
6. Periódicamente, para comprobar que la descripción sigue siendo la que corresponde.

Empleo interno *versus* empleo externo

Al considerarse una vacante, el primer problema que se plantea es si la ocuparemos con una persona de la empresa o con una externa. Ambas alternativas tienen ventajas y desventajas

Empleo interno

El empleo interno tiene las siguientes ventajas:

1. Las personas se sienten consideradas por la empresa cuando se las toma en cuenta para ocupar otros puestos. Esto cambia de una manera radical la relación entre la empresa y sus empleados.
2. Motiva a los empleados, que se esforzarán por ser tenidos en cuenta en el futuro.
3. Permite efectuar una selección abierta, lo que hace más transparente la elección final y disminuye las envidias o sospechas. La selección abierta consiste en publicar la vacante en cartelera, estipulando un periodo de presentación para quienes consideren que cumplen las condiciones.
4. Es más económica porque elimina los gastos de la consultora.
5. Es más rápida, a menos que se fracase en la búsqueda y haya que recurrir a una externa.
6. Se conoce mejor a la persona, lo cual facilita el éxito. Esto es siempre relativo, porque los individuos actúan en formas diferentes, sobre todo cuando se trata de otros niveles. A veces, una promoción cambia el carácter de la persona y hace inútil todo conocimiento previo.
7. Determina la necesidad de tener un sistema de administración de recursos humanos más idóneo, con mejores herramientas para cubrir las vacantes. Por otra parte, tiene las siguientes desventajas:

1. Puede ocurrir que se beneficie al candidato interno que no es adecuado al puesto bajo la excusa de que "le falta

algo pero ya lo va a adquirir".
2. Puede ocurrir que se lleve a la persona a su nivel de incompetencia, lo cual no se conoce hasta que está afianzada en el puesto superior. Cubrir los cuadros jerárquicos con personas externas produciría una fuerte desmotivación en los niveles no jerárquicos y un caos cultural permanente. Por otra parte, tampoco asegura no ingresar a una persona que está en su nivel de incompetencia.
3. Puede ocurrir que se fuerce a una persona a un puesto que no le interesa.
4. En algunas ocasiones se puede querer cambiar; por ejemplo, cuando se desea otro tipo de publicidad.
5. A veces se dice que este tipo de política anquilosa la cultura de la empresa. Lo mismo sucede cuando el personal no es expuesto a otros ámbitos, no tiene contacto con otras realidades o está bajo un *management* muy autoritario.

Empleo externo

El empleo externo tiene las siguientes ventajas:

1. Cubre con mejores recursos los puestos que los internos no terminan de satisfacer.

2. Permite ingresar personas que den una nueva tendencia a algún sector.

3. Introduce ideas que pueden resultar interesantes.

El empleo externo tiene las siguientes desventajas:

1. Por lo pronto, las contrarias del empleo interno, es decir, es más caro y más lento. Cuando se usa como

recurso habitual o preeminente, desmotiva al personal y hace que algunas personas opten por irse a donde le ofrezcan futuro, lo cual va en detrimento de la empresa.
2. Las personas que ingresan necesitan un periodo de ambientación más largo que las internas. Como señalamos, ofrecen menos garantías de continuidad.
3. Puede producir desequilibrios internos en las remuneraciones, ya que, al salir a buscar, en muchas ocasiones hay que pagar más que lo que la persona gana.

Selección por un tercero

Decisión de cobertura

La cobertura de una vacante debería ser aprobada por el superior inmediato del puesto a cubrir, que debe estar autorizado como parte de la organización. Si el puesto no existiera, debería comenzarse por requerir su creación para poder autorizar, luego, la selección.

La autorización pone en movimiento al sector de Recursos Humanos. Al formulario de movimiento de personal o a su versión informática, debe adherirse una descripción del puesto con el perfil del candidato, por escrito.

Análisis del requerimiento

El requerimiento de cobertura de una vacante significa la definición del perfil de la persona que ocupará el puesto. El elemento para esto es la descripción de tareas, que de ser un puesto nuevo deberá confeccionarse. Pero el requerimiento del puesto significa una ampliación de la descripción, porque el supervisor seguramente quiere que el nuevo ocupante tenga ciertas características no incluidas antes.

En todo caso, podemos decir que el perfil del puesto, una manera de enumerar los requisitos para determinada posición, es una repetición innecesaria de una descripción de tareas cuando está bien hecha, razón por la cual ha caído en desuso en muchas empresas. Pero, asimismo, hay cuestiones específicas que no están ni deben estar en una descripción de tareas, y que hacen al éxito del futuro ocupante del puesto.

Decisión de búsqueda mediante *outsourcing*

De los puntos citados anteriormente, Recursos Humanos toma la decisión de realizar la búsqueda interna o externa, por medios propios o de terceros. Si el puesto se va a cubrir mediante una búsqueda externa, RR.HH. deberá definir si recurre a la tercerización. En caso de decidirse por esto, la empresa elegida tendría que reunir las siguientes condiciones:

a. Tener conocimiento y contactos en el mercado específico.
b. Ser una empresa reconocida porque se ha trabajado anteriormente con ella
  o por recomendaciones.
c. Cobrar un honorario competitivo en el mercado.
d. Tener un archivo con datos suficientes para ahorrar el costo de un aviso. Si
  por las razones que veremos más adelante se decidiera publicar un aviso,
  conviene hacerlo con su agencia publicitaria.
e. Cumplir con las leyes, para evitar una situación difícil.
f. Que nos asegure que repetirá la búsqueda sin cargo, si la persona se retira
  por cualquier razón en un periodo de seis meses a un año.

A esto se podrán agregar aquellas condiciones que sean convenientes dada la zona o el mercado del cual se trate.

A lo largo del periodo de selección, la empresa deberá informarnos, en tiempos previamente establecidos, los progresos del proceso. Una vez finalizado, nos presentará una carpeta con el curriculum de las personas que haya seleccionado.

No es recomendable que realice comentarios sobre ellos para evitar que nos influya. Esperaremos sus observaciones una vez que los hayamos entrevistado.

Entrevistaremos a los candidatos en la empresa, a menos que la confidencialidad de la búsqueda sea tal que convenga hacerlo en las oficinas del selector. En todo caso, RR.HH. ayuda a la línea a realizar la selección. Es conveniente que además de RR.HH. y el futuro jefe, entrevisten a los candidatos personas de otros sectores que, por su trabajo, estarán en contacto con el futuro ingresante. Algunas empresas pautan entrevistas entre el candidato y sus futuros compañeros de sector. En ciertos casos, este grupo sólo se reúne con el candidato final antes de su ingreso.

Puede ocurrir que no nos satisfagan los candidatos presentados. Entonces, pediremos al selector que nos presente nuevos postulantes. Previo a esto, deberemos reajustar el perfil que originalmente le hayamos dado del puesto. En muchas ocasiones, cuando en la empresa se entrevista a las personas presentadas, se varían algunas condiciones del perfil; en otras, el selector no se ha atenido al perfil requerido.

Mediante este proceso de refinamiento, se llegará finalmente a la elección de la persona para ocupar el puesto. En este punto del proceso, seguiremos los pasos que se especifican más adelante.

Selección propia

- **Decisión de cobertura:** es el mismo caso que en la búsqueda por terceros.
- **Decisión de hacerlo por la empresa:** cuando no se dan los elementos que se señalaron en el caso anterior, la decisión será seguramente en favor de hacer la búsqueda con personal RR.HH.

Medios de contacto

El primer paso es definir los medios de contacto que se utilizarán. Los medios son los siguientes:

- **Presentación por empleados:** se podrá utilizar a los empleados como contactos para obtener candidatos, aunque existe el inconveniente de que se formen grupos de "amigos" dentro de la empresa, por lo cual algunas prefieren la referencia del empleado o familiar, y otras, que no tengan relación entre ellos. Esta es una decisión política que, en realidad, no tiene relevancia, porque una vez adentro se tejen amistades que pueden resultar positivas o negativas para la empresa.

- **Presentación espontánea:** esto es muy común hoy en día. Hasta hace algún tiempo se atendía a quien se presentaba en forma espontánea dándole una entrevista, pero actualmente es imposible debido a la gran cantidad de personas que lo hacen. Sin embargo, hay que prever un trato que dé una buena imagen de la empresa.

- **Formulario de ingreso:** la mayor parte de las personas trae su curriculum ya confeccionado. Si no es así -lo cual ocurre en ciertas zonas o a ciertos niveles-, hay que tener un formulario para que quien se presenta pueda volcar sus datos. Este debería abarcar:

  - Nombre del postulante y datos personales.
  - Estudios realizados indicando la institución en que se hicieron y si son completos.
  - Otros cursos.
  - Experiencia laboral mencionando empresas, puestos ocupados y tiempo en que estuvo en cada uno.
  - Otras aptitudes, como pueden ser las relacionadas con informática.
  - Idiomas.

- Expectativas de trabajo y de futuro.

■ **Archivo:** conviene tener un archivo con las áreas de interés de la empresa, el cual permite contar rápidamente con candidatos. No hace falta que sea muy sofisticado, pero en caso necesario, el catálogo de profesiones de la OIT puede ser de ayuda.

■ **Aviso:** salvo en el caso mínimo del aviso clasificado y en el máximo de recurrir a una consultora, conviene que el anuncio de búsqueda lo diagrame la misma agencia que lo va a publicar. Éstas suelen ofrecer una bonificación, por tanto, conviene que se ocupe la propia empresa, aun cuando haya contratado a una selectora. Por razones de imagen y de celeridad en la búsqueda, es recomendable dar a conocer el nombre de la empresa, lo cual asegura que la persona que contesta el aviso tiene la intención de ingresar en esa en particular. Hay que agregar las condiciones reales que se ofrecen; en general, la remuneración no se publica, aunque en puestos bajos ocasionalmente se da a conocer el jornal horario, como filtro para posibles postulantes. Las frases genéricas como "importante empresa", "futuro promisorio", "oportunidad de crecimiento", etc., no tienen la transparencia que las personas buscan y ocasionan que perdamos buenos candidatos.

■ **Escuelas** y **universidades:** es cada vez más habitual, para los casos de técnicos y universitarios, buscarlos en los últimos años de sus carreras. Las universidades y colegios ofrecen becas con contratos que incluyen la posibilidad de que el estudiante conozca a la empresa y la empresa al estudiante. Hay becas puras o contratos de trabajo por tiempo limitado. Ambos son útiles y permiten establecer una buena relación previa.

■ **Otras entidades y medios:** en ocasiones puede convenir dirigirse a entidades profesionales de la especialidad buscada, también a organizaciones locales o barriales. Según el nivel del puesto que se desea

ocupar, se utilizan medios como el cartel en el frente de la fábrica o de la construcción, la búsqueda en el sindicato, conferencias en lugares que nos puedan contactar con candidatos, viajes para entrevistar postulantes, avisos en parroquias y, en fin, los medios que surjan de la especificidad de cada lugar.
- **Internet:** éste es un medio crecientemente utilizado por los postulantes. Las personas que buscan un trabajo han tomado en muchos casos la costumbre de enviar su curriculum a las selectoras y también a empresas que les interesan. Ésta es una forma de reunir información, ya que hay un interés específico de la persona, con un curriculum al día, lo cual facilita los primeros pasos de la búsqueda.

Medios de selección

Una vez determinado el contacto que nos resulte más útil para el caso que estamos tratando, debemos definir los medios de selección, entre los que se cuentan los siguientes:

- **Archivos de candidatos:** el archivo de candidatos es un medio que permite celeridad y economía en el proceso. .

- **Curriculum:** los curriculum están hechos hoy con formatos similares. Las dificultades para encontrar empleo los han mejorado y esto facilita su análisis.

- **Entrevistas:** si bien más adelante trataremos con profundidad este tema, podemos señalar que la entrevista de selección permite comunicar una gran cantidad de elementos propios de nuestra manera de ser grupal y personal que no trasmitimos a quienes nos ayudan en la selección, porque no es posible, por desconocimiento o porque no se desea quedar expuesto

ante el seleccionador. En todo caso, no es el *"assessment center"* el que nos va a ayudar; seremos nosotros quienes, de una manera consciente, racional e intuitiva, pondremos estos elementos en juego en la elección. En todo caso sugerimos la entrevista uno a uno, es decir, con un solo entrevistador y un solo entrevistado.
- **Referencias:** la búsqueda de referencias es una pérdida de tiempo. Si la referencia es buena, nada agrega, porque pocas personas quieren perjudicar a otras con malas referencias. Si la referencia no es buena, la pregunta es: ¿qué pasó entre esas personas? Con lo cual nos quedamos con las mismas dudas iniciales.

- **Antecedentes policiales:** el antecedente policial es un tema delicado. Quienes proveen estos servicios creen que deben dar, de vez en cuando, algún resultado dudoso para justificar el cobro.
- **Estudios vecinales:** los estudios vecinales son una variante de investigación de antecedentes. Consisten en preguntar por el candidato en su zona de residencia. Estas investigaciones dan pie a que la gente sospeche lo que se le ocurra. Por otra parte, estamos expuestos a las opiniones de personas que, de mala o buena fe, hablen mal o bien de él. Nunca sabremos cuál es la verdad, cualquiera sea el resultado.
- **Pruebas técnicas:** cuando por su tipo la tarea permite hacer un examen específico, las pruebas técnicas son útiles en tanto sean objetivas en su resultado y no meras opiniones de quien toma el examen.
- **Pruebas psicológicas:** habitualmente, no se cuenta con un especialista en psicología, por lo tanto, se debe buscar a alguien que merezca nuestra confianza, tanto desde el punto de vista profesional, como respecto del conocimiento de lo que es una empresa. El uso de terminología técnica lleva a que quienes leen el informe sobredimensionen ciertos resultados, y entonces no

sirve. No nos interesa un diagnóstico clínico; lo que importa es saber en qué
medida la persona está psicológicamente en condiciones de ocupar el puesto.

- *Assessment center:* esta técnica se basa en definir las características de la posición y someter al candidato a ejercicios de simulación, que pueden consistir en la discusión grupal de un tema de análisis de situación para tomar una decisión o ser una situación bipersonal. Hay un grupo de evaluadores y consultores que dirigen el proceso. Los evaluadores determinan, luego, la relación entre las acciones del o los candidatos y el perfil de la búsqueda. El *assessment center* utilizado en empresas no es una técnica definitiva sino parte de otras, como los tests o las entrevistas; estas últimas también integran el *assessment* y son un instrumento de mayor valor. El problema de la simulaciones, en general, es que no pueden recrear la situación real, con lo cual dejan una brecha entre el resultado de la simulación y lo que la persona encontrará luego en la actividad cotidiana.

- **Entrevistas efectuadas por la línea:** una vez completada la selección, se presenta la carpeta de candidatos a la línea, como vimos respecto de la selección hecha por terceros. También en este caso puede ser necesario redefinir el perfil del puesto

Decisión de ingreso

Existe un proceso para decidir el ingreso de un aspirante. Lo habitual es que Recursos Humanos le presente una carpeta con tres candidatos a quien será el jefe. Este hace las entrevistas, y llega a una conclusión. Eventualmente, hará entrevistar al candidato por personas que participan en el proceso del puesto a ocupar. Hecho esto, y reunidos todos los elementos, los elevará a su superior para tener su opinión.

La decisión final debe ser del supervisor del puesto, ya que será quien responda por el trabajo que desarrolle esa persona. El supervisor del puesto podrá escuchar las opiniones que desee, pero la decisión de ingresar o no a una persona es su responsabilidad y no es delegable. No obstante, en ocasiones no ocurre así, y el supervisor tiene que tomar a alguien elegido por un superior.

Revisación médica

La revisación médica se hace al final del proceso, y sólo al candidato elegido, porque tiene un costo elevado. En muchas empresas éste es el momento de hacer también la prueba psicológica. Lo que esperamos es que el médico nos asesore sobre la salud del candidato. En ningún momento el profesional deberá decidir sobre el ingreso. Si la persona tiene algún problema de salud, será responsabilidad del médico detectarlo. Pero la definición es de la línea. Si consideráramos que se está tomando una decisión muy arriesgada o francamente equivocada, podremos escalar la cuestión al nivel superior. Y si ese nivel también cree que el postulante debe ingresar, podremos dejar constancia de nuestra opinión en el legajo, pero ni RR.HH. ni el médico son los que deciden.

A los efectos de tomar la decisión de ingresar o no al candidato, se puede establecer una clasificación sobre cuatro puntos, como en el ejemplo siguiente:

- Totalmente sano.
- Pequeño defecto o enfermedad que no es impedimento para su ingreso.
- Defecto o enfermedad que hace aconsejable no ingresarlo.
- Defecto o enfermedad que se considerarían como impedimento para su ingreso.

Para cada uno de los niveles se deberán establecer ejemplos que describan aquello a que nos referimos.

Ingreso

Una vez terminado el proceso, se acuerda con el candidato la fecha de su ingreso. Algunas empresas le entregan al futuro empleado un escrito donde constan las condiciones que se acordaron, antes de que la persona renuncie a su empleo anterior. Habla bien de la seriedad de la empresa. Algunas no lo hacen y se ofenden si se les pide, pero esto es injusto, ya que la persona pone en juego su medio de subsistencia. Se conocen casos, aun de empresas consideradas serias, en que se dio marcha atrás o se redujeron las condiciones de trabajo ofrecidas una vez que la persona había renunciado a su anterior empleo.

En la fecha establecida la persona se presentará a RR.HH. o a su nuevo jefe, de acuerdo con la política que la empresa defina. En ese momento comienza su tiempo de inducción.

En el tema de selección hay dos cuestiones a las que nos referiremos por fuera del proceso, en forma específica: la inducción y la entrevista.

Inducción

El día del ingreso se inicia el proceso de inducción. El objetivo es que el ingresante se compenetre con la empresa. La inducción tiene dos partes claramente definidas:

- La organización en general.
- El sector y el puesto.

La inducción a la organización en general se puede hacer con un folleto u otro tipo de impreso, con un video o una película, o a través de la información publicada en la página web de la empresa, etc. Se puede elegir la manera que resulte más útil y económica.

Esta parte de la inducción pone en conocimiento del nuevo empleado la historia de la empresa, la visión, los planes y productos, el organigrama, el edificio donde trabajará.

No supongamos que las personas ya lo saben porque son del mismo pueblo o porque la empresa es muy conocida. De todas maneras, es necesario ordenar los conocimientos previos que pudieran tener.

Es fundamental que la información esté al día y que quien la entrega no deba comenzar a aclarar que en realidad "esto no es así sino de tal otra manera". Es un mal comienzo ingresar a la imprevisibilidad, a la inexactitud. Por eso es mejor tener un libreto de inducción menos lujoso pero más exacto, donde los cambios se puedan introducir con facilidad.

La segunda parte es la que corresponde al sector y al puesto. Al respecto, el nuevo empleado debe conocer: qué hace el sector, dónde está físicamente ubicado, cuáles son las normas de seguridad, cuáles son los horarios y dónde está el comedor, el baño, etc.; cuál es su trabajo e iniciarlo, finalmente, siguiendo las normas que dimos al hablar de delegación.

Todo lo que no le diga el supervisor o alguien de Recursos Humanos, se lo dirá el sindicato o algún compañero. Si así fuera, el nuevo empleado habrá aprendido que en esa empresa, si se quiere saber algo, hay que preguntárselo a ellos. Asimismo, pueden surgir una cantidad de problemas por desconocimiento de las normas y de lo que se espera de él. Por tanto, entraría a la empresa con una visión diferente de la que ésta quiera para sus empleados.

El proceso de inducción puede transcurrir durante medio día o algo más. En esto influye mucho el tipo de trabajo, ya que, según sus características, podrá tomar más tiempo transmitir las normas de seguridad que se le apliquen.

Después de la imagen que le transmitió la empresa y de lo que concluyó en las diferentes etapas del proceso de selección, el primer paso formal y oficial de la persona como empleado es la inducción. Su existencia o inexistencia, la calidad y el contenido, le estarán diciendo cómo debe manejarse en ese lugar. Por eso es importante cuidar este proceso.

La entrevista

La entrevista es una actividad de aplicación muy amplia. De alguna manera, cada vez que hablamos con una persona estamos participando en una entrevista. En una empresa se utiliza para selección, pero también para evaluación de desempeño y cuando se considera un tema con una o dos personas.

La entrevista es una forma de comunicación y, como tal, nos referimos a lo que desarrollamos al analizar este tema. Por esto vamos a describir las etapas que la componen; después, en los hechos, cada una de éstas será desarrollada de acuerdo con el tema que se trate. No tendrá los mismos contenidos una entrevista para la venta que una para una evaluación de desempeño o para la compra de materia prima; pero la estructura general y sus partes son las mismas. El primer punto a considerar es el entrenamiento del entrevistador.

Entrenamiento del entrevistador

El entrenamiento debería darse a todos los niveles jerárquicos, ya que en algún momento cualquiera de ellos se verá en la necesidad de realizar una entrevista de selección. Por otra parte, se debe considerar que tiene un gran contenido de *roll-playing*. Si bien es cierto que se deben proveer numerosos elementos, la práctica de la entrevista consiste en entrenamiento.

El primer elemento a transmitir en el entrenamiento es que lo más importante es la humildad del entrevistador. Tiene que dar el marco del tema, pero debe estar dispuesto, eventualmente, a que se trate algún otro. Además, tiene que mantenerse neutral. Es muy difícil ser neutral todos los días, porque en ocasiones estamos cansados, acabamos de tener una discusión fuerte, nos duele algo, no tenemos ganas de hacer lo que debemos. Por otra parte, es muy difícil que nuestra actitud no derive hacia ciertos defectos que tendemos a manifestar. No obstante, la ventaja del defecto propio es que siempre es el mismo, por tanto, uno puede analizarse y ver cuáles son los errores que suele cometer. Entre éstos está el hablar en vez de escuchar, el buscar convencer al otro de la bondad de algo en vez de informar, el deseo de gustar o de demostrar cuan importante se es, etc. El punto es que cada uno de nosotros trate de observarse con la misma neutralidad que sugerimos para con el entrevistado y, teniendo en claro sus tendencias, intente evitarlas. La práctica y el cuidado de no hacer del proceso una simple repetición de experiencias anteriores ayudan al perfeccionamiento.

Un entrevistador debe formular preguntas claras y directas, sin poner trampas en la conversación. De la misma manera, debe contestar con simplicidad y claridad a las preguntas del entrevistado. Tiene que evitar dar opiniones personales, porque esto le hará perder neutralidad. Tomará notas, para lo cual le pedirá disculpas al entrevistado por hacerlo, porque sino no recordará luego todo lo que debería. Es bueno no tomar la nota en el mismo momento de la respuesta, sino poco después.

Es útil filmar el entrenamiento, de manera que el entrevistador pueda verse con posterioridad. Si se trata de un grupo, que sea el grupo el que lo vea y que cada uno pueda opinar sobre los puntos fuertes y débiles del entrenado. Esto lo ayudará a corregir errores. Es bueno que tome nota de éstos y, antes de hacer una entrevista, entre los elementos de la pre entrevista repase sus errores para evitarlos.

Partes de la entrevista

Una entrevista, cualquier entrevista, está dividida en tres partes: la preentrevista, la entrevista propiamente dicha y la posentrevista. La preentrevista implica:

- **Estudiar el tema que** trataremos: en el caso de selección se tratará del curriculum y los informes que nos hayan llegado; habrá que pedir lo que falte antes de la entrevista para poder contar con todos los elementos propios del proceso de selección.
- **Disponer la logística:** una entrevista de selección, al igual que una de evaluación de desempeño, debe ser hecha por una sola persona. La multiplicidad de entrevistadores produce confusión y crea dudas que tienden a complicar nuestro objetivó de comunicación abierta. La logística significa disponer de un lugar donde no haya interrupciones, con dos sillones -a menos que se quiera tener la distancia que impone el escritorio-, buena luz y el acuerdo de un horario y un tiempo suficiente. Al estudiar el tema podremos ver cuánto tiempo queremos dedicar al entrevistado.
- **Definir nuestro objetivo:** en el caso de la selección, nuestro objetivo es conocer al candidato; en otros, el propio de ese tema. No se debe dar el objetivo por supuesto, sino que hay que anotarlo: escribir exige siempre claridad de pensamiento.
- **Decidir nuestra estrategia:** en el caso de la selección, la estrategia recomendada es ser amable, dar información y observar y escuchar al otro.

La entrevista propiamente dicha supone un tiempo de apertura, la etapa de consideración de la cuestión y el tiempo de cierre.

- **Tiempo de apertura:** la apertura es el tiempo de recibir amablemente, ofrecer algo de tomar, ubicarse en el lugar y contar qué es la empresa, qué estamos buscando, cuál es el punto del proceso en el que nos encontramos. En este momento debemos aclarar al candidato los aspectos respecto de los cuales tenga dudas o que desee conocer.
- **Consideración de la cuestión:** se debe estar atento a la

información que nos dará el entrevistado y formular las preguntas que nos permitan aclarar nuestras dudas. El curriculum, que ya habremos leído, quizá haya dejado cuestiones sin especificar. Asimismo, hay que prevenirse contra los elementos que puedan favorecer o perjudicar al candidato. A veces, cuestiones inadvertidas hacen que un candidato nos parezca muy bueno, cuando en realidad no lo es. En cierta ocasión, un entrevistador notaba que estaba sobrevalorando al entrevistado y no sabía por qué, hasta que por fin se dio cuenta de que habían estudiado en el mismo colegio.

- **Tiempo de cierre:** en el cierre hay que determinar las conclusiones, cuál es la siguiente etapa y cómo y cuándo nos comunicaremos con esa persona, a menos que el proceso concluya en ese punto.

La post entrevista abarca:

- Analizar lo considerado.
- Completar el formulario de entrevista, tratando de examinar las evaluaciones realizadas.
- Evaluar, sobre todo, en qué medida esa persona es la indicada para trabajar en el sector o con las personas que estarán en contacto con ella.

CAPITULO 10

EVALUACION DE TAREAS

Introducción

La evaluación de tareas es una parte de la administración de los recursos humanos que consiste en la aplicación de técnicas específicas para establecer diferentes niveles de importancia en los puestos de una organización.

Se inició en 1880, con Taylor, en la Midvale Co. La utilizó para estudiar los puestos y, a partir de entonces, se han desarrollado diferentes técnicas que a lo largo del tiempo fueron adoptadas o eliminadas.

La evaluación de tareas permite:

- Mantener niveles de equidad interna en la remuneración.
- Establecer niveles para los beneficios, basados en el aporte del puesto a la empresa y no en la jerarquía.
- Determinar niveles que permitan concretar carreras-tipo, planes de carrera y cuadros de reemplazo coherentes.
- Establecer comparaciones con el mercado de remuneraciones.

Requiere la existencia de:

- Descripciones de tareas
- Manual de evaluación
- Mecanismos de evaluación

Las descripciones de tareas se realizan después de haber diseñado el manual, para que contengan todos los datos necesarios para el evaluador. Ya se ha dado un ejemplo de descripción de tareas que abarca los elementos generalmente necesarios para poder evaluar.

Sistemas de evaluación

Los sistemas de evaluación tienen diferentes utilidades, según el tamaño de la empresa y el estilo de la dirección.

Aplicación y procesos

a. Para empresas de hasta treinta puestos

Estamos hablando del número de puestos de la empresa y no de cantidad de personal. Por lo tanto puede haber, por ejemplo, cincuenta personas, ya que varias ocuparán puestos iguales.

Decisión de evaluar: antes de tomar cualquier iniciativa, debe existir una clara decisión de evaluar los puestos, considerando el proceso a realizar. Esto supone contar con un sistema de evaluación de tareas.

Sistema recomendado: para una empresa de este tamaño se recomienda el sistema de jerarquización, por ser sencillo y no requerir mucho tiempo ni trabajo; además, es de fácil mantenimiento.

Comunicación: una vez definido el sistema, hay que comunicar a los empleados la decisión de evaluar las tareas y cuál es el propósito de la dirección de la empresa. Hay que alejar de este proceso las sospechas de aumento de remuneraciones o beneficios, o acerca de cualquier ajuste de personal.

Sindicato: es poco probable que en empresas de este tamaño haya sindicato. Sin embargo, si tuviera una participación activa, habrá que tratar el tema con él. En última instancia, la evaluación se hará con los puestos fuera de convenio, como suele ocurrir.

Descripción de tareas: tema tratado en el capitulo anterior

Evaluador: el evaluador debería ser el equipo gerencial y, en todo caso, estar involucrado el propietario.

Sistema de jerarquización: se ordenan los puestos de mayor a menor jerarquía, sin analizar demasiado el orden del listado, por ejemplo:

- Jefe de Ventas
- Jefe de Producción
- Jefe de Finanzas
- Supervisor de Ventas
- Supervisor de Producción
- Supervisor de Mantenimiento
- Supervisor de Compras
- Encargado de Personal
- Vendedor
- Empleado de Personal
- Empleado de Contaduría o de Caja
- Empleado de Mantenimiento

Se puede evaluar usando los siguientes sistemas:

- Comparación global
- Comparación por pares
- Jerarquización por puntos

Procedimientos de evaluación: una vez establecido quiénes serán los evaluadores, se debe determinar el mecanismo de evaluación. Éstos son básicamente tres:

- Discusión abierta.
- Ordenamiento de cada evaluador.
- Promedio de los puntos que cada uno haya dado.

Mantenimiento: los cambios tales como la creación de un puesto nuevo requerirán que el sistema se ponga en marcha para incluirlo. Asimismo, un cambio en la organización de un sector puede dar pie a que se pida una reevaluación de uno o más puestos. También el enriquecimiento de un puesto puede hacer necesaria su reevaluación. Como en todos los demás casos, se recomienda revisar la situación por lo menos una vez por año.

b. Para empresas de más de treinta puestos

Decisión de evaluar: como en el caso anterior, se requiere una decisión de la gerencia para hacer la evaluación de las tareas.

Sistema sugerido: en este caso sugerimos el sistema de clasificación por puntos, que permite cambiar puestos e ingresar otros nuevos. Es bastante sencillo y económico como para no tener que recurrir a expertos a la hora de ponerlo en marcha y de mantenerlo.

Construcción del sistema: el sistema de clasificación por puntos parte de la determinación de los factores que van a servir para medir el puesto. Estos factores se reúnen en cuatro grupos:

- Habilidad
- Responsabilidad
- Esfuerzo
- Condiciones de trabajo

En general, la carga de cada uno de los grupos de factores se distribuye de la siguiente manera:

- Habilidad: 40-45%.
- Responsabilidad: 25-40%.
- Esfuerzo: 15-25%.
- Condiciones de trabajo: 3-10%.

Estos grandes grupos contienen, a su vez, factores específicos que los describen, por ejemplo:

- Habilidad: estudios, experiencia, iniciativa.
- Responsabilidad: supervisión ejercida, supervisión directa recibida, responsabilidad por dinero, materiales, contactos.
- Esfuerzo: esfuerzo mental, presión de trabajo.

1. La escala se puede elaborar por desarrollo aritmético a partir de un cierto ritmo. Por caso (siempre considerando una evaluación entre 100 pun tos mínimo y 500 máximo, que es solamente un ejemplo), se pueden establecer 8 categorías, por tanto el ritmo serían 50 puntos. Veamos el resultado:

Cat.1: 100-150
Cat. 2: 151-200
Cat. 3: 201-250
Cat. 4: 251-300
Cat. 5: 351-400
Cat. 6: 401-450
Cat. 7: 451-500

2. La escala puede hacerse a partir de aplicar un cierto porcentaje sucesivo.

Por ejemplo, un 30 por ciento. El resultado sería el siguiente:

Cat.1: 100-130
Cat. 2: 131-170
Cat. 3: 171-222
Cat. 4: 223-290
Cat. 5: 291-378
Cat. 6: 379-500
Cat. 7: 431-560

Nótese que estamos agregando 8 puntos a la categoría superior, lo cual no modifica el equilibrio ya que en esa categoría hay pocos puestos con puntajes muy diferentes respecto del resto.

3. Por último, es conveniente analizar el resultado del *ploting* o graficación de los resultados. El análisis puede indicar que hay una diferencia entre el sistema matemático y la realidad de la cultura. En casos como éste, consideramos conveniente tomar en cuenta lo que la cultura de la organización muestra y, eventualmente, modificar la escala.

Evaluadores: la mecánica de evaluación puede ser:

a. Recursos Humanos evalúa y valida.
b. Recursos Humanos evalúa y posteriormente el Comité de evaluación
valida.
c. El Comité evalúa sin intervención previa de ningún otro sector.

Comunicación: de acuerdo con las características de cada empresa, una vez obtenido el resultado de la evaluación, se puede elegir alguna de las siguientes acciones:

   a. Publicar los resultados en general, lo que no es aconsejable porque aumenta la posibilidad de conflictos y resta privacidad a las personas.
   b. Dar a conocer a cada empleado el grupo en que está ubicado. Esto es
   muy aconsejable, pero depende de que la cultura de la organización sea muy
   abierta.
   c. Hacer saber que se ha terminado la evaluación de tareas y que servirá para
   la administración del personal en el futuro.

Mantenimiento: para mantener el sistema sugerimos evaluar tanto un puesto nuevo como aquél con suficientes modificaciones, a juicio del supervisor proponente, como para merecer una nueva evaluación por parte de Recursos Humanos, que las someterá semestralmente a consideración del comité. Si las evaluaciones han sido prudentes, no habrá dificultades posteriores. La mecánica del comité es la que se desarrolló en el parágrafo anterior.

c. Para grupos de industrias o servicios

Decisión de evaluar: como en los demás casos, primero se debe acordar la realización de la evaluación de tareas de la actividad de que se trate.

Sistema sugerido: para estos grupos numerosos, con pocas posibilidades de diferenciar puestos, se utiliza habitualmente el sistema de grados o categorías, también llamado "de clasificación". Es útil para evaluar gran cantidad de puestos de manera poco exacta y, en general, por consenso o negociación. Es típico de los convenios colectivos de trabajo. Una escala de este tipo es la siguiente:

- **Categoría 1 - Peón.** Realiza tareas físicas, en general de movimiento de materiales o similares.
- **Categoría 2 - Trabajos no clasificados.** En su mayoría son tareas de oficina. Exigen precisión y confianza: oficinista de registros, archivista.
- **Categoría 3 - Trabajos clasificados.** Exigen cierta experiencia manual o mental: ayudante de laboratorio, tenedor de libros, atención de mostrador.
- **Categoría 4 - Trabajos interpretativos.** Habilidad para clasificar el trabajo y poner en práctica procedimientos: correspondencia, proyectista.
- **Categoría 5 - Trabajos creativos.** Requieren mentalidad creadora: ingeniero, vendedor.

Sindicato: en estos casos los sindicatos están involucrados de modo fundamental, ya que es una clasificación típica de los convenios colectivos.

Evaluadores: los evaluadores son los representantes de empleadores y sindicatos. Se suele formar un comité específico encargado de evaluar, al tiempo que se sigue negociando el convenio, o para que trabaje en forma independiente de la mesa negociadora. La mecánica es similar a la descripta antes, con la diferencia de que es totalmente negociada. No hay ningún parámetro salvo definiciones muy generales.

Comunicación: en estos casos conviene hacer la comunicación en forma conjunta para evitar que se convierta en un nuevo frente de lucha. Habitualmente, se publican las categorías y los puestos, ya que la cuestión gremial pesa más que los conflictos producidos por esta falta de privacidad.

Mantenimiento: el mantenimiento es esporádico y, en general, una vez establecido se tiende a negociar por empresa, lo que habitualmente produce dificultades. Hay industrias más cuidadosas en las que no se acepta otra forma de evaluación que la que se haga en la mesa general.

Otros sistemas de evaluación de tareas

Sistema *Hay*

El sistema *Hay* lo iniciaron, en la década de 1950, Benge y otros. Consta de tres hojas en cada una de las cuales hay un cuadro de doble entrada para establecer puntajes usando, básicamente, los mismos factores que en el sistema de puntos. Cada recuadro tiene tres opciones con diferencias del 15 por ciento entre ellas, lo cual permite una flexibilidad importante, que a veces resulta excesiva. En todo acto humano hay una cuota de subjetividad que es mayor cuanto más grande es la posibilidad de usarla. El sistema *Hay* fue diseñado sobre la base del modelo de empresa de la época, con lo cual tiende a determinar una estructura muy jerárquica, estableciendo distinciones que resultan rígidas hoy día. Por eso, y por la dificultad de su descripción adecuada, está dejando de usarse.

Método de los perfiles

El método de los perfiles, o *Profile Method,* fue ideado por Edward Nay y Dale Purves en 1955, en el marco de la *American Management Association.* Usa tres factores: conocimiento, actividad mental y responsabilidad. Respecto de cada uno, analiza su preponderancia, por ejemplo 35-45-20, lo que significa que ese puesto requiere 35 por ciento de conocimiento, 45 por ciento de actividad mental y 20 por ciento de responsabilidad. Estos resultados se vuelcan en listados que el comité analiza, lo que le permite llegar a conclusiones sobre la importancia relativa de cada uno.

Si bien en un momento se aplicó especialmente en puestos gerenciales, su complejidad lo ha hecho caer en desuso.

Timespan

El sistema de medición de los periodos de tiempo, o *Time Span Measure-ment,* fue ideado por Elliot Jacques en el marco del proyecto Glacier, empresa británica en la que trabajó a partir de 1952. Jacques creyó que el tiempo de libertad de acción que tenía el empleado era el que determinaba la importancia de su puesto. Distingue dos grandes componentes del trabajo:

- El resultado esperable, o sea, qué hacer.
- Los medios a usar, o sea, cómo hacerlo.

Ambos determinan la libertad de acción del puesto. Esto debe ser definido por los analistas, mediante entrevistas, junto con los empleados y los gerentes. Y ésta quizá sea la mayor dificultad del sistema, ya que, como el mismo Jacques señaló, la apreciación de los tiempos de discrecionalidad por parte de un gerente -es decir, un acto subjetivo- no puede conformar la base para el desarrollo de un sistema objetivo de medición.

De todas maneras, es un sistema agudo que hecha luz sobre un punto interesante de considerar como es la libertad de acción de los empleados.

Guideline Method

El *Guideline Method,* o Método de Guía, fue desarrollado por la empresa Smyth, Murphy Associates. En vez de establecer un orden interior basado en criterios propios, lo fija respecto del mercado. Define categorías de remuneración muy amplias, de hasta un 100 por ciento de diferencia, con una gran superposición; empieza con sólo un 5 por ciento por encima de la base de la categoría anterior. Esto permite una amplitud de movimiento en cuanto a la remuneración.

El sistema se alimenta de las remuneraciones del mercado y, en función de éstas, ubica los puestos en distintas categorías. Es, obviamente, un sistema inexacto, ya que la gran superposición de escalas permite un movimiento casi infinito entre ellas. Básicamente, deja en manos ajenas la definición de la cultura de la organización, porque los puestos variarán su categoría de acuerdo con las modificaciones del mercado. Este método ha dejado de usarse.

Manual de clasificación por puntos

A continuación ofrecemos un ejemplo de manual de clasificación por puntos dentro de los parámetros clásicos. Cada empresa tiene que adaptar los factores y los grados a las propias necesidades de su cultura.

Responsabilidad

Supervisión directa recibida
Es la forma en que la supervisión inmediata ejerce controles sobre el puesto a analizar. Se debe considerar hasta dónde se fijan métodos, se establecen resultados a obtener, se controla la marcha del trabajo o se corrigen los errores.

Responsabilidad por funciones (calidad y carácter de las decisiones)
Mide el carácter de las decisiones que puede tomar el titular del puesto, según el mayor o menor grado en que éstas

afecten los negocios de la compañía. En este sentido, deben incluirse las posibles pérdidas por decisiones mal tomadas.

Alcance de las decisiones
Mide el nivel en el cual se toman las decisiones y la amplitud e impacto que producen sobre el trabajo de otros, en función del organigrama de la empresa.

Responsabilidad por personas
Consiste en la supervisión del trabajo de otros (asignando tareas y prioridades, delimitando métodos, controlando cantidad y calidad, corrigiendo errores, manteniendo la disciplina) en forma regular y estable. La medida de esta supervisión estará en función del nivel y cantidad de supervisados, tanto en forma directa como indirecta.

Asesoría funcional ejercida
Asesoramiento que como profesional o experto en alguna disciplina (por ejemplo, legales, impuestos, racionalización, etc.) le es requerido por otros para sortear dificultades que surgen durante el cumplimiento de sus tareas o funciones. Puede tener ayudantes o no.

Responsabilidad por materiales y/o equipos (incluye materiales, mercaderías, productos, máquinas o maquinarias, equipos, herramientas)
Grado de atención necesaria para custodiar o prevenir y evitar mermas, daños o desgastes. En la respectiva ponderación deberá tenerse en cuenta también la pérdida de servicios y/o los costos de reparación.

Responsabilidad por dinero en efectivo
Mide la responsabilidad del puesto por la regular custodia o manejo de dinero en efectivo. Incluye también la responsabilidad propia de algunos puestos, que aun cuando no manejan dinero en efectivo, bajo ciertas circunstancias podrán

perjudicar los intereses de las empresas: por ejemplo, compradores, inspectores de contratistas, etcétera.

Responsabilidad por asuntos confidenciales
Sólo deben tenerse en cuenta los asuntos confidenciales usados o desarrollados en un puesto durante la ejecución de tareas asignadas. No debe interesar el acceso obtenido a tales informaciones mediante subterfugios o en forma accidental.

Responsabilidad por contactos
Esta fase mide la importancia de los contactos con personas, organizaciones y público en general desde el punto de vista de la trascendencia que tales contactos puedan tener en el giro de los negocios de la empresa.

Aptitud

Instrucción
Es la medida de los conocimientos básicos teóricos necesarios para desempeñar satisfactoriamente las tareas asignadas. Aunque conveniente, dichos conocimientos pueden no ser el resultado de una educación formal. De ahí que los distintos tipos de enseñanza que se enuncian a continuación no revisten, necesariamente, un carácter taxativo sino de orientación.

Experiencia
Se entiende por experiencia el tiempo promedio necesario para que un individuo medio, con los conocimientos esenciales adecuados, pueda realizar satisfactoriamente todas las tareas de su puesto. El concepto involucra tanto la experiencia general previa como el tiempo de adaptación al puesto y pueden adquirirse ya en el puesto mismo o en otro relacionado con él, en la compañía o fuera de ella.

Iniciativa

Mediante esta fase se mide el mayor o menor requerimiento para un puesto de contar con un titular hábil para sortear dificultades o para afrontar y encarar soluciones a problemas nuevos o poco usuales. La respectiva gradación se determina usualmente considerando el tipo y variedad de tareas que se ejecutan.

Esfuerzo

Esfuerzo mental

Mide el requerimiento de uso de las facultades mentales, con referencia a problemas de trabajo, redacción o creación de arte. La ponderación se basa en la naturaleza de las tareas realizadas y la cantidad y la calidad de atención, observación, estudio, reflexión y/o creatividad necesarios para su ejecución.

Presión de trabajo

Consiste en el ritmo de trabajo que debe mantenerse con el objeto de cumplir en término y satisfactoriamente las tareas asignadas. Para ello, es necesario considerar la frecuencia con que cambia la atención de uno a otro detalle del trabajo, así como las interrupciones o distracciones a que está sujeto.

Por último, se desarrolla un Manual de evaluación de tareas por factores y puntos, que puede usarse tal cual o ser trabajado para adaptarlo a la cultura de la empresa.

Administración de remuneraciones

La administración de remuneraciones es un tema muy antiguo, de hace más de dos mil años.

La remuneración puede fijarse de distintas maneras. Las formas de fijación son las siguientes:

- Contrato individual
- Convención colectiva
- Decisión del Estado
- Decisión de terceros

Dada su complejidad la hemos concentrado en el link correspondiente

CAPITULO 11

DESARROLLO DE RECURSOS HUMANOS

El desarrollo de los recursos humanos en la empresa es parte del proceso de desarrollo de un ser humano. Este desarrollo no es solamente el aumento de la instrucción, sino también la formación ética, el aprendizaje de la convivencia social y el desarrollo de la persona en cuanto tal. Por caso, cuando enseñamos una técnica contable estamos transmitiendo al mismo tiempo cuál es la relación entre el que sabe y el que aprende (planteada de manera más o menos participativa), estamos desarrollando ciertas cualidades personales de control, así como habilidades para el manejo de las matemáticas y de los proceso. El desarrollo de los recursos humanos es una parte del desarrollo de las personas y, por lo tanto, es importante para la empresa y también para el individuo.

Hay empresas "formadoras" y empresas "robadoras". Estas últimas aducen que no gastan en desarrollo, pero al mismo tiempo no logran la misma adhesión que las otras y deben pagar sueldos más altos para que el personal decida incorporase, con el riesgo que supone todo nuevo ingreso.

Elementos, hitos y obstáculos del desarrollo

El desarrollo de las personas se relaciona con su carrera específica y las técnicas que la integran, pero también con los requerimientos culturales de la empresa. A través del sistema 360 o de la evaluación de desempeño, esas necesidades aparecen.

Para evaluar las necesidades que atañen al puesto, sugerimos el siguiente método de análisis de deficiencias, que puede ser usado, asimismo, para cualquier otro:

1. Recorra las responsabilidades de su puesto y las funciones a cumplir.
2. Defina y describa de qué manera las está llevando a cabo.
3. Analice si existe alguna forma de mejorar esa función.
4. Recuerde que no hay conocimientos hasta que no se saben aplicar y no se pueden describir claramente.

Al mismo tiempo, la persona puede tener otro tipo de dificultades, las que deberán ser objeto de análisis y apoyo apropiados.

¿Cuál es la preparación que se le puede dar a una persona para ser *manager* a cualquier nivel?

- En primer lugar, la transmisión de las condiciones para ser *manager*.
- En segundo, la de los elementos de visión de los que hablamos al tratar sobre la organización.
- En tercer, lugar, la cuestión de la organización y la delegación.
- En cuarto lugar, hacer talleres:
  - sobre la diferencia entre trabajo en equipo e individual y la determinación de cuándo es necesario uno u otro;
  - sobre práctica de comunicaciones;
  - sobre la necesidad urgente de que se haga espacios para meditar con sentido global sobre él y su tarea.

El entrenamiento en análisis de problemas y en negociación es muy importante para desarrollar un puesto gerencial.

Una vez que la persona está en el cargo, no tiene tiempo para estudiar. Aprende de la acción cotidiana, porque la experiencia es un buen profesor para quien lo escucha o para quien siente los moretones. Sin embargo, es bueno que por lo menos una vez por año reciba capacitación.

Los *managers,* una vez lanzados a cierto nivel de gerenciamiento, tienden a reforzar aquellas conductas que los han llevado al éxito, por tanto, se jubilan en el lugar o son despedidos más o menos amablemente.

En la soledad del poder, lo más adecuado sería tener alguien con quien conversar. El solo hecho de pronunciar en voz alta lo que pensamos hace que veamos el asunto de una manera diferente. Si, además, tenemos enfrente a una persona que respetamos y que puede hacernos las preguntas adecuadas acerca de lo que decimos, se superaría la soledad, y también la soberbia: si estamos dispuestos a presentar frente a nosotros y a otro lo que pensamos, nos permitimos una razonable y natural duda acerca de las posibilidades que se abren y, por lo tanto, estamos en mejor situación para elegir un camino u otro. Pero esto pocas personas lo hacen. Unas porque no encuentran con quien, otras porque ni siquiera se les ha ocurrido o porque temen confiar en alguien.

Evaluación de desempeño

La evaluación de desempeño es la técnica que permite definir el valor que se da a la actuación de un empleado en su puesto y dejar constancia de ello.

Ventajas e inconvenientes

La evaluación de desempeño tiene las siguientes ventajas:

- El personal siente que la empresa se ocupa de él.
- El personal sabe qué opina la empresa de él.
- Cada empleado puede argüir sobre sí mismo y sobre los temas que le conciernen.
- Cada supervisor puede abrir un nuevo canal de comunicación.

- Cada gerente puede observar la situación de las relaciones verticales en los sectores que reportan a él.
- A través de la discusión de los temas se mejoran las relaciones y el clima de trabajo.
- Puede existir una política de remuneraciones clara que compense el trabajo realizado.
- Se puede establecer un perfil de cualidades de los empleados.
- Se puede conocer el potencial humano de la empresa.
- Se pueden programar los movimientos de personal.
- Puede servir de guía para el caso de despidos masivos o individuales.
- Se pueden reunir elementos para programar la capacitación.

Los posibles inconvenientes de la evaluación son los que llevan al fracaso. Los inconvenientes y el fracaso están basados en tres posibles factores:

1. Presión del sindicato, que se resiste a que se evalúe para no transferir más poder a la supervisión.

2. Deficiencias del sistema de evaluación, que está mal estructurado para esa cultura.

3. Falta de interés de la gerencia, que se resiste a perder el manejo del poder de decisión que tenía hasta ese momento y que ahora tendrá que dejar por escrito y firmado; no podrá cambiarlo sin tener fundamentos.

Contenido

La evaluación de desempeño comprende:

1. Datos generales sobre el empleado y puestos desempeñados en el periodo evaluado.
2. Evaluación, que se divide en: sistema utilizado, comentarios sobre el desempeño, entrevistas con el empleado, opiniones o deseos del empleado.
3. Cualidades personales: potencial, carrera, capacitación.

Sistemas de calificación
Ordenación por rango

1. **Simple:** consiste en colocar a las personas en orden sucesivo, 1, 2, 3 etc. Útil para empresas pequeñas.
2. **Con cualidades conjuntas:** es igual al anterior, tomando en cuenta algunas cualidades para ordenar la calificación.
3. **Cualidades distintas:** se establecen cualidades y se ordena a las personas en cada una de ellas; se puede dar valor a la ubicación y en vez de un promedio se obtiene un puntaje. Es una versión inútilmente complicada de las anteriores.
4. **Reparto obligatorio:** se puede usar en cualquier forma de calificación; consiste en reunir al grupo calificado en un cierto porcentaje para cada grado de calificación.
5. **Comparación por pares:** se puede usar independientemente de otro o como parte de un sistema de ordenación.
6. **Comparación hombre a hombre:** consiste en establecer un ideal para cada factor elegido y comparar a cada persona con ese ideal, adjudicándole un puntaje de acuerdo con cuan lejano esté del mismo. Fue uno de los primeros sistemas utilizados por el ejército de los Estados Unidos.
7. **Lista** de **verificación:** puede ser lista de respuesta alternativa, de elección o de elección forzosa. Las tres variantes parten de la elección de frases que definen a los factores. Hecha la elección de las frases, el formulario va a Recursos Humanos, que tiene las claves de los valores y decodifica la calificación, para

garantizar que esté libre de influencia. La dificultad para elegir frases que permitan calificaciones universales, así como el hecho de que la calificación sea una incógnita para el supervisor, hace que este sistema haya caído en desuso.

Escalas de calificación
La calificación puede ordenarse según distintos tipos de escala, a saber:
1. **Continuas:** se califica marcando en un lugar de la línea.
   - De porcentaje: 0.   50   100

   - Alfabética: A   B   C   D   E

   - De máximo a mínimo: Máximo   Mínimo

   - De frases o términos: *Cooperación: Mediana Aceptable Defectuosa Ninguna*

2. **Discontinuas:** en estas escalas se establece una cifra o definición concreta. Pueden ser:
   - De porcentaje: es igual que la continua pero en ésta el supervisor establece el porcentaje con el cual evalúa al empleado.
   - Alfabética: cada letra determina una calificación. Más adelante desarrollaremos este caso y daremos un ejemplo completo de formulario de evaluación de desempeño.
   - Grados: cada factor y cada grado reciben una definición.

En el link de Desarrollo de Personal podrán encontrar ejemplos del formulario y de los grados y sus definiciones.

Periodicidad

Salvo casos particulares de ingreso, corrección de deficiencias o políticas especiales de muy alto potencial, la evaluación debe ser anual y coincidente con el periodo contable de la empresa. De esta manera, se puede evaluar el desempeño de la persona respecto de sus resultados en el año. Las empresas que realizaban la evaluación en otro momento terminaban por elaborar algo así como historias acerca de "el mérito", "los esfuerzos realizados", "el cumplimiento con tesón", o sea, generalidades que no aportaban nada concreto.

Aplicación

Decisión política

El CEO, RR.HH. o algún otro sector con fuerza política suficiente, manifiesta su deseo y la necesidad de que se aplique algún sistema de evaluación de desempeño. Finalmente, la decisión recae en el CEO.

Análisis de sistemas posibles

El sistema que recomendamos es la evaluación por escala discontinua alfabética o la escala discontinua por factores y grados. La escala discontinua tiene la virtud de favorecer la claridad de la evaluación y de facilitar la comunicación. No hay puntajes escondidos ni evaluaciones misteriosas. En las páginas anteriores presentamos un ejemplo de formulario de evaluación de desempeño donde se usa un sistema de escala discontinua alfabética y un ejemplo de desarrollo de factores con sus grados para una escala discontinua por factores y grados.

Lo ideal es realizar la evaluación de desempeño sin usar ningún sistema de calificación, pero esto requiere una cultura organizacional muy evolucionada. De hecho, cualquier sistema de calificación de desempeño retrotrae a la época escolar. En este sentido, es criticable cuando se trata de lograr el desarrollo del personal, ya que aquello es contradictorio con esto.

Diseño de la evaluación de desempeño

El sistema alfabético no requiere ningún proceso previo. En cambio, el sistema por factores requiere un trabajo similar al de la evaluación de tareas, tanto para elegirlos como para determinar el peso relativo de cada uno. Aquí no hay indicación de pesos relativos de grupos de factores ya que dependen exclusivamente de la cultura de la organización. El desarrollo matemático debe ser aritmético, pues los otros tienden a confundir.

Se sugiere usar cuatro grados para puntuar los factores -no tres ni cinco-, para evitar el efecto central, es decir la tendencia a calificar en el factor del medio. Además, el formulario puede presentar los grados ordenados en forma diferente en cada factor, para obligar a buscar el que se desea y evitar así la repetición.

Se sugieren entre ocho y diez factores. En los demás aspectos nos remitimos al sistema de evaluación de tareas, ya que armar un sistema de evaluación de desempeño como éste requiere el mismo mecanismo de consulta a los supervisores y/o gerentes de área. Una vez estructurado el sistema no se hacen pruebas; se da a conocer a la supervisión y se inicia la puesta en práctica.

La evaluación, en todos los casos, la realiza el supervisor, quien deberá requerir luego la aprobación de su jefe. De ningún modo debe recurrirse a la autoevaluación, porque distorsiona la realidad y produce una situación persecutoria y de amenaza. Quien evalúa es el superior y, como tal, debe asumir su responsabilidad.

El resultado de la calificación puede encontrar algunas distribuciones típicas. Así, por ejemplo, en cuatro grados, 10% - 40% - 40% - 10%, que pueden ser distintos dependiendo del valor dado a los grados externos. Una actitud muy exigente tiende a disminuir la existencia de esos grados; una actitud más flexible acentúa su distribución hacia, por ejemplo, un 15% - 35% - 35% - 15%.

En algunas empresas se ha realizado, sobre todo al principio de la puesta en marcha de un sistema de evaluación, una calificación forzosa; es decir que cada superior debía, obligatoriamente, conformar una cierta curva de distribución, calificando a su personal en los porcentajes indicados en la exigencia.

La evaluación de desempeño también se ha usado para producir despidos, lo cual es altamente desaconsejable pues cambia el objetivo del sistema y lo bastardea a los ojos del personal, inutilizándolo para el futuro.

Comunicación

Una vez diseñada la evaluación, debe comunicarse. Para ello hay que hacer reuniones con los futuros evaluadores y enterarlos del sistema y de qué se busca con su implementación.

Entrenamiento y entrevista

Hay que entrenar a los supervisores y a los supervisados en el uso del sistema. El supervisado, aunque no tenga que evaluar, debe conocer cómo funciona y cuál es su papel. Respecto de la entrevista, hemos tratado el tema cuando vimos selección y sugerimos ese entrenamiento para la evaluación de desempeño.

En la entrevista dedicada a la evaluación, hay que tener especial cuidado en las tendencias favorables o desfavorables respecto del evaluado. Debe mantenerse una posición lo más objetiva posible. El mayor problema es tratar aquellos temas que son conflictivos, sobre los que no hay acuerdo. El evaluador debe escuchar y tratar de comprender lo que le está pasando al evaluado, sino, la evaluación se cierra en una discusión inútil.

Nunca se debe hacer una evaluación sin entrevista (es persecutoria y produce todo tipo de daños y reacciones). Sin embargo, el potencial y la carrera están sujetos a futuros vaivenes y, si se conocen, cualquier cambio crea expectativas, lo que es naturalmente posible. Por ello no hay que hacérselo saber al empleado, salvo en una cultura muy sofisticada, y en última instancia, ni siquiera en ésta.

Más importante que el sistema son los comentarios sobre el desempeño. La mayoría de los puestos no tienen objetivos específicos, sino que se rigen por una descripción de tareas o un acuerdo verbal entre supervisor y supervisado sobre "lo que hay que hacer". Este es el objeto de revisión y comentario en la entrevista de evaluación.

La importancia de este hecho es fundamental para la evaluación y para la relación y eficacia futuras. Un buen análisis de qué se hizo bien y qué no, qué no se hizo, qué se hizo de más, permite rediseñar el puesto, establecer nuevas fronteras de responsabilidad y autoridad para el futuro y determinar acuerdos en otros aspectos del trabajo.

Cuando hay documentos escritos, el análisis debe hacerse con esa descripción y objetivos a mano en el momento de la entrevista.

Si queremos encontrarnos con una reacción más elaborada, sin sorpresas, sugerimos darle la hoja de evaluación al empleado para que la estudie con, por lo menos, un día de anticipación. Entonces él podrá evaluar la respuesta, sin reaccionar en el momento de una manera para luego, al repasar lo que ha ocurrido, sentirse fuera de foco, contrario a lo que dijo o a lo que acordó. En definitiva, si uno ha tenido tiempo de pensar, es razonable darle tiempo al otro para que el acuerdo sea duradero. Esto encuentra resistencia entre los supervisores, a todo nivel. Muchos dicen "si se la doy antes, corro riegos". En realidad es todo lo contrario, ya que el empleado tendrá más tiempo para pensar acerca de la situación, lo cual ayuda a alcanzar una mejor comunicación posterior.

La entrevista debe ser hecha por una sola persona a un único empleado. Toda entrevista donde hay uno por un lado y más por el otro se complica; los más de un lado son causa de distorsión y el resultado es malo. De la misma manera, si hay un evaluador y un grupo de evaluados, siempre algunos se "esconden", ciertas cuestiones están dirigidas a otros; en fin, nunca es total y claro. En la relación uno a uno hay que comprometerse, y esto es lo que busca la apertura, que sirve para mejorar la relación y la eficacia de la empresa. Es útil saber qué piensa el empleado respecto de su carrera o de su capacitación. Discutir estas posibilidades permite no ascender a personas hacia puestos que no les interesan mucho, dejando de lado otros que los entusiasman y donde su actuación sería, sin duda, mejor.

Lo mismo es aplicable a la capacitación. La actitud de no preguntar estas cosas al empleado es la más habitual. En el caso de solicitarle opinión al empleado sobre su plan de carrera o capacitación, no hay que darle nuestra opinión sobre su carrera ni acerca de su potencial.

Por otra parte, la evaluación de desempeño da lugar, en ocasiones, a que supervisores blandos califiquen alto a empleados que en realidad no han cumplido con los resultados y no han hecho gran cosa por obtenerlos. Han sabido aparecer como muy dedicados pero en realidad han sido muy poco efectivos. Hay personas que son especialistas en encontrar buenas razones aparentes por sus incumplimientos. De la misma manera, hay supervisores muy exigentes que evalúan duramente. Tanto en un caso como en el otro, RR.HH debe colaborar para alejar a los evaluadores de los extremos.

Quién evalúa

La evaluación más natural es la del supervisor, que es quien ha trabajado con la persona todo el año. Si ha habido más de un supervisor, porque hubo rotación, porque hay más de un producto o porque hay una relación línea y *staff*, todos los supervisores debieran volcar su opinión en el formulario. La entrevista la debería hacer el supervisor de línea directa.

Tiempo y contenidos de la evaluación

Llegado un cierto momento, se determina evaluar. Es deseable que se realice cerca del final del año fiscal de la empresa, como ya dijimos, y una vez finalizado. Se debe dar un tiempo de alrededor de un mes para que el proceso esté terminado. Otra forma es que cada sector tenga un tiempo específico, por ejemplo diez días, y luego va el siguiente y así sucesivamente. Pero esto, aunque concentra la atención de cada sector en un momento dado, puede demorar mucho el proceso total. Recordemos que lo más adecuado es que además del supervisor y el supervisado, el proceso incluya también al superior del supervisor, lo cual acumula más trabajo á ese nivel, pero es muy necesario para dar seguridad de que las opiniones son de más de una persona.

Vueltos los formularios a RR.HH., es el tiempo de analizar los contenidos y detectar los conflictos que se manifiestan en la evaluación, y en los que RR.HH. debería colaborar con las partes. Tomar los datos sobre potencial.

Análisis del sistema

La finalización del periodo es un buen momento para analizar las virtudes y defectos del sistema que tenemos y la conveniencia de mejorarlo.

El sindicato

Los sindicatos no son favorables a la evaluación de desempeño porque sospechan de la arbitrariedad de los supervisores y, en el fondo, porque temen que los operarios vuelquen su lealtad hacia el supervisor para conseguir una buena evaluación. En aquellos casos en que se ha logrado llegar a algún acuerdo, ha sido sobre la base de la negociación de pasos sucesivos y partiendo de una muy buena relación inicial.

Evaluación por competencias

La evaluación de desempeño puede hacerse por competencias. En vez de factores se usan competencias y se les adjudican grados, que pueden ser definidos o no. La definición de competencias es un proceso que veremos al tratar el tema de la evaluación 360.

Evaluación de desempeño y objetivos

La evaluación de desempeño se utiliza, a menudo, juntamente con la evaluación de objetivos. En realidad, responden a dos elementos diferentes que se superponen. Los objetivos se enfocan exclusivamente en los resultados sin considerar ningún otro elemento. La evaluación de desempeño se concentra en los resultados pero tiene en cuenta, asimismo, el esfuerzo de la persona, la medida en que ha cuidado los elementos para llegar al resultado, la habilidad para relacionarse, cuan conflictivo sea y, en fin, todo el universo de relaciones en el ámbito de trabajo.

Algunas empresas, al tomar en cuenta sólo los objetivos para la evaluación anual, han producido reacciones muy desfavorables. En muchas ocasiones, el mercado, los propios medios de la empresa u otros elementos hacen que el empleado no pueda cumplir con los objetivos, a pesar de la habilidad y el esfuerzo que ponga en ello. Así, tener una mala evaluación después de un año produce rabia y una fuerte desmotivación. La tendencia es a disminuir la exigencia de los objetivos del año siguiente y a rebelarse contra el sistema y contra la actitud de la empresa al mantenerlo.

Mecanismos posibles

La suma de estos problemas ha hecho que se buscaran mecanismos donde ambas aproximaciones fueran posibles. Las posibles soluciones son casi infinitas. Sin embargo, podemos decir que tienden a tres posiciones:

- Preeminencia de los objetivos

- Preeminencia del desempeño
- Igualdad entre ambos

Dentro de la primera tendencia se parte de que la evaluación es por objetivos, pero que se anotarán las dificultades o los esfuerzos excepcionales. Desde esta posición se varía hasta decir que el 60 por ciento será por objetivos y el 40 por ciento por desempeño, dejando en el medio una gama de posibilidades.

Dentro de la segunda tendencia se parte al revés, y desde tomar en cuenta el desempeño y hacer alguna observación sobre algún objetivo particularmente positivo o negativo, se llega al 60-40 pero a la inversa que en el caso anterior.

Por último, algunas empresas adoptan un criterio de igualdad entre ambos, o bien dejándolo en manos de cada evaluador para que lo considere, o bien estableciendo puntos para cada una de las dos cualidades. Así dan, por ejemplo, 50 puntos por desempeño y 50 puntos por objetivos. Después se establece una escala de 0 a 100 que califica el total, 25 puntos a cada lapso para cuatro calificaciones de inadecuado, adecuado, muy bueno y excelente.

La evaluación 360

¿Qué es 360? ¿Cómo funciona?

El sistema 360 releva la opinión de quienes rodean a una persona. De ahí su nombre de 360, es decir, el círculo completo alrededor del evaluado. El 360 debe cumplir las siguientes condiciones:

- Ser confidencial, sino las personas involucradas tendencian su evaluación en pro o en contra.
- Tener la participación de quienes trabajan alrededor del evaluado, pues sino no es 360, o tendencia a favor de

algún sector respecto de otros, en detrimento del evaluado
- Basarse en competencias conocidas. Si no se basa en competencias conocidas, ni el evaluado ni la empresa saben hacia dónde dirigirse o hacia dónde se dirigen.
- Ser procesado para facilitar el análisis y tener apoyo» Si no es procesado, resulta difícil analizar tantos datos, pero además siempre queda la sospecha para el evaluador de que pueda ser descubierto aun con un sistema de *multiple-choice*. Si no se tiene apoyo, no se sabe con claridad qué es lo mejor, ni se da el tiempo necesario para su consideración.
- Concretarse en un plan. Si no termina en un plan, resulta en una nube para la empresa, que ha puesto dinero en algo dé lo que no puede percibir concretamente nada.
- Ser aprobado. Si el plan fuera independiente del sistema jerárquico y no precisara ser aprobado, se rompería el sistema jerárquico de la empresa, lo cual no es para nada deseable. Por eso es imprescindible que todo el proceso, que en cierta manera ocurre por afuera del sistema de poder de la empresa, se cierre volviendo a éste, anclando en el sistema de poder de la organización.
- Se debe hacer un seguimiento del plan. Si no se hace, el plan se diluye, tanto si la persona alcanza los objetivos propuestos como si no lo logra.

Ventajas y desventajas

El sistema 360 tiene las siguientes ventajas:

- Permite obtener información no contaminada por la estructura de poder.
- Amplía la información para la mejora personal.
- Acentúa la involucración del personal.
- Permite recibir críticas con menor resistencia.
- Detecta barreras para el éxito.

- Refuerza la estructura organizaciónal al involucrar a más personas en las opiniones.
- Elimina cursos de capacitación de dudosa utilidad.

Por otra parte, tiene las siguientes desventajas:

- Implica utilizar tiempo de la organización.
- Significa un gasto en consultoría y en procesamiento.
- Produce reacciones negativas en quienes no son evaluados como desearían.
- Desconecta los sistemas de poder de la empresa. La jerarquía se ve sustituida por un proceso que no controla.
- Elimina el plan de capacitación y lo sustituye por un proceso nuevo.
- Algunas personas sienten que "todo" queda en el aire, es decir que no hay un seguimiento según los parámetros habituales. En realidad, están sintiendo que pierden poder.

Las competencias

El sistema 360 se construye sobre la base de competencias. La palabra "competencia" no es la más exacta en nuestro idioma para definir aquello a que nos referimos. Cuando decimos competencia pensamos en un partido, en una lucha, en una carrera; también en lo que puede tratar un juez. No es común pensarlo en el sentido de la habilidad de una persona, que es correcto, pero no habitual.

La confidencialidad

La intención del sistema 360 es que las personas se manifiesten con libertad y con honestidad. Nadie expresa sus más íntimos pensamientos o sentimientos a todo el mundo. Todos manifestamos algunas cosas pero no otras. Y más aún con el jefe, de quien depende en gran medida nuestra permanencia en la empresa y nuestra remuneración. Por esto, para que las personas se expresen sin temor, la confidencialidad es fundamental. Si los evaluadores temen que sus opiniones sean conocidas, en esa medida modificarán sus comentarios y sus calificaciones.

Cabe señalar que en los niveles jerárquicos de las empresas se tiende a desvalorizar que haya fallas de este tipo, a suponer que no existieron o que, si existieron, fueron producto de una tontería que alguien cometió. La percepción de los empleados, habitualmente, es diferente, y por lo general más cercana a la realidad. Y lo que aquí importa es cuál es la realidad que ellos perciben para poder partir de una base firme en el nuevo proceso, porque si no se cree en la confidencialidad, 360 no es posible.

El sistema 360 requiere un consultor externo con la capacidad necesaria para desarrollarlo, pero además, porque es una garantía de confidencialidad. Cuando se hace con personal interno:

1. Quien evalúa sabe que su evaluación será conocida por otro miembro de la empresa y que recibirá interferencias dé otras personas.
2. El evaluado tendrá cuidado de no elegir a evaluadores muy críticos o a muchos de ellos, para no aparecer con puntajes bajos, con lo que la información perderá riqueza.

3 Nunca hay tanta confianza para abrirse a un miembro de la empresa, en
    comparación con un tercero hábil en el tema. 4. El 360 pierde la profundidad y la utilidad que tiene.

En muchas empresas, por razones de costos, se decide el uso de coordinadores internos en lugar de un consultor, y la información se procesa internamente para evitar el costo de hacerlo en forma externa. Ambas son malas decisiones. Es preferible no hacer el 360. No importa que se diga que en la empresa hay mucha confianza entre todos u otras afirmaciones similares. Si así fuera no sería necesario el 360. La posibilidad de que un procesador interno vea los datos o que un miembro de la empresa se entere de estas cuestiones, muchas veces íntimas, hace que el 360 se convierta en una representación para cumplir con una política. La sugerencia es aplicar la técnica 360 a un número menor de personas para abaratar la intervención del consultor y del procesamiento. Así, la confidencialidad queda garantizada por la forma en que se realiza el proceso.

El proceso
Una vez establecido que el nivel de confidencialidad es suficiente, el siguiente paso es definir un proceso que garantice, a los ojos de evaluadores y evaluados, esa confidencialidad. Para que así sea tienen que tomarse en cuenta los siguientes aspectos:

a. El evaluador recibe el formulario y lo llena en privado.
b. Lo manda directamente al procesador de datos, en sobre cerrado.
c. El procesador de datos es externo y los participantes lo conocen. El
procesador les afirma que los formularios serán recibidos por él, que se
encargará de cargarlos en la máquina y que los formularios serán destruidos.
d. El procesador le envía la carpeta con los resultados al consultor responsable
del *coaching*.
e. El consultor toma las notas necesarias y le entrega la carpeta al evaluado,
con quien tiene luego una reunión de *coaching*.
f. Nadie en la empresa, salvo el evaluado, tiene un ejemplar de esa carpeta,
ni dato alguno sobre los evaluados, por ninguna razón. Y nadie le pide a
los evaluados su opinión acerca de los datos que recibió

ni tampoco ningún otro dato. Esto se aplica en particular a los superiores jerárquicos de los evaluados.
g. Nadie hace ninguna broma o comentario acerca de lo que le pueda pasar a alguien porque los datos se sepan. Ese tipo de comentarios, que parecen y son bromas, instalan la duda en las personas.

¿Para qué sirve?

El sistema 360 es un método extraordinario para él desarrollo, porque nunca en el pasado ha habido un mecanismo que permitiera tener la opinión de quienes rodean a una persona en su trabajo sin que estuviera entintada por la subjetividad que toda opinión implica, además de los intereses involucrados en la situación. En 360 los intereses y la subjetividad disminuyen tamizados por el anonimato y por elementos estadísticos.

¿Qué niveles se evalúan?

El sistema 360 es un instrumento de uso universal. Puede ser utilizado en todo tipo de empresa y a todo nivel. En general, se aplica en niveles altos y medios, o para personas con potencial. Lo importante es que se respeten las condiciones que requiere y que se haga de acuerdo con las técnicas en la materia.

¿Quién evalúa? Comunicación y entrenamiento

La evaluación la hacen el superior, los subordinados, el evaluado y los laterales con los que el evaluado tiene relación en los procesos de trabajo.

Los evaluados no tienen que ser muchos y los evaluadores tampoco.

Si se evalúa a 200 personas, y a cada una la evalúan 20 evaluadores, y cada evaluación demora 30 minutos en completarse y enviarse, se estarán utilizando 2.000 horas. Esto, hecho a un tiempo, puede paralizar la empresa;

Si se decide evaluar a 200 personas, se puede hacer en tandas menores, para no entorpecer el funcionamiento de la organización.

Si se considera que esta operación no está relacionada con los objetivos, realizarla a lo largo de algunos meses, en grupos de 20 o 30 personas, no producirá ningún tipo de perjuicio.

Nuestra sugerencia es que a los evaluadores los elija el evaluado con el conocimiento de su jefe. La razón de esto es que si el evaluado cree realmente que se trata de un sistema confidencial, diseñado con el propósito de obtener la mayor cantidad de información para su desarrollo personal, elegirá a quienes habitualmente son más críticos con él. No hay premios por tener más o menos puntos. Lo que importa es obtener buena información para la mejora personal. Entonces, lo normal es que se elija a los más críticos, no a los amigos.

El conocimiento por parte del jefe es necesario para evitar los casos en que pueda haber excesos en cualquiera de los dos sentidos, por muy críticos o por poco críticos. En todo caso, Recursos Humanos es siempre una posibilidad a la cual recurrir en caso de desacuerdo.

Es lógico que, cualquiera sea el criterio adoptado para elegir a los evaluadores, sea conocido por todos los participantes y, además, sea homogéneo, es decir que se aplique a todos por igual.

La evaluación requiere transparencia. Una comunicación clara que abra el camino de la transparencia, criterio que debe guiar en forma permanente su existencia.

La comunicación debe cubrir puntos tales como:

- ¿Por qué lo hace la empresa?
- ¿Cuál es el proyecto?
- ¿Cómo encaja en lo que hoy hace la empresa?

- ¿Quiénes van a participar?
- Cómo se desarrollan las competencias?
- ¿Quiénes estarán involucrados?

Esta comunicación general debe ir seguida por reuniones de entrenamiento. Los temas del entrenamiento deberían ser:

- ¿Qué es 360?
- ¿Por qué se adopta?
- ¿Por qué me importa como evaluado y como evaluador?
- ¿Cómo se asegura el anonimato?
- ¿Cómo se debe hacer?
- ¿Cómo se debe puntuar?
- ¿Cuál es el tiempo que tengo para hacerlo?
- ¿Cómo sé que el proceso es equitativo?

¿Cómo se evalúa?

Los formularios se entregan a cada evaluador en sobres cerrados, y éste tiene un cierto tiempo para enviarlos de la misma forma al procesador de datos.

El procesamiento de los datos debe hacerse en un periodo corto, lo cual dependerá de la cantidad de datos a procesar, pero estamos estimando una semana.

Parámetros de calificación

En este proceso hay que ser particularmente explícito en los criterios de puntuación. No importa tanto cuáles sean los que se usen como que estén relacionados con criterios propios de ese lugar, que sean claros y comunes a todos.

Por esto es frecuente que la puntuación sea de 0 a 10, la escala que está referida a modelos del tipo de los utilizados desde los primeros años de vida.

Definición de competencias

Las competencias describen los puntos a evaluar y son usadas, en general, para describir puestos de *management*. Lo que se busca con el sistema 360 es definir cuáles son las cualidades de los puestos gerenciales, y, por lo tanto, el estilo y la cultura que se desea como la más adecuada para la empresa. El accionista o el grupo operativo superior es el que determina las competencias que se usarán.

Una lista de competencias a discutir puede ser la siguiente:

Liderazgo,
Planeamiento y organización,
Conocimientos técnicos,
Conocimientos del negocio,
Actitud para el cambio,
Innovación,
Iniciativa,
Honestidad,
Capacidad para desarrollar a otros,
Manejo de conflictos,
Comunicación,
Resultados de la empresa, ganancias,
Relaciones con sus pares,
Desarrollo del personal,
Motivación del personal,
Trabajo en grupo,
Resolución de problemas,
Competencia técnica,
Profesionalidad,
Control gerencial,
Administración,
Manejo de crisis y estrés,
Perspectiva,
Creatividad,
Coordinación y control de recursos,
Conciencia de procedimientos y métodos,
Disciplina,

Conocimiento de clientes internos y externos.

La lista puede ser ésta, similar o diferente. Lo importante es que el grupo que elija las competencias de los puestos, lo haga describiéndolos en función de esa empresa. Es decir que no es sólo la cultura actual la que está en juego, sino, básicamente, la cultura futura. Esto es lo que debe quedar en claro para la elección.
Las competencias deben definirse. Esta definición está compuesta por frases que las describen. (Ver link)
Las competencias suelen estar en el orden de las 10 a 15, pudiendo ser más o menos. Lo que sucede es que cuando se comienzan a buscar las cualidades que queremos de los puestos del *management,* agregamos siempre una competencia más.

Duración del proceso

Una vez estructuradas las competencias, este material se reúne en un formulario donde los evaluadores marcarán cada frase con el puntaje que consideren.
Los formularios tienen tres características básicas: a) *múltiple choice,* b) puntajes de 1 a 10, c) imposibilidad de reconocer quién lo envió, salvo obviamente el del jefe y el del evaluado. Los demás tendrán una marca en el cuadrado donde se determina el grupo: Clientes - Pares - Supervisados, para poder ser procesados en su grupo.

Feedback

El material que se debe emitir está compuesto por distintos capítulos. Proponemos los siguientes:

- Puntaje de las competencias, de mayor a menor.
- Puntaje de las diez frases superiores y de las diez

inferiores.
- Puntaje de las frases con explicitación de los puntajes de cada grupo.
- Relación entre los puntajes del grupo y del evaluado.

Se pueden agregar elementos tales como la dispersión de cada uno de los puntajes, la relación entre los grupos, etc., por ejemplo:

Brinda una dirección clara

Promedio	7,44
Evaluadores	11
Acuerdo	0,81

Inspira confianza y energía en su gente

Promedio	8,02
Evaluadores	13
Acuerdo	0,54

O sea que "brinda una dirección clara" es una frase que recibe, en conjunto, un promedio de puntuación de 7,44. Han respondido a la pregunta 11 evaluadores y el acuerdo es de 0,81. En cambio "inspira confianza y energía en su gente" tiene más puntos promedio (8,02), con más evaluadores contestando, pero una dispersión muy alta, es decir, un acuerdo de sólo 0,54.

- En cada una de estas frases deben distinguirse los grupos habituales de Jefe, Evaluado, Supervisados, Clientes y Pares. Los que se identifican al final de cada columna horizontal para facilitar la lectura con las iniciales, por ejemplo, S, Y, s, CyP. (ver link)

Los pasos finales:

- El consultor le envía el material al evaluado.
- Hace una entrevista de *coaching* con el evaluado.

Desde la evaluación hasta este momento no debería haber transcurrido más de un mes, lo que es posible si se trabaja con grupos de pocas personas por mes.

Como resultado de ese *coaching*, el evaluado desarrolla un plan de acción que está dedicado exclusivamente a la mejora de los temas que aparezcan en el 360, no a los objetivos.

Conviene que este plan de acción no sea muy extenso, y no debería referirse a más de dos o tres acciones o propuestas concretas.

Una vez escrito, el plan se presenta al superior. Si éste no lo aprueba, el evaluado puede dirigirse a Recursos Humanos, en queja. Si éste lo aprueba, el evaluado se dirige a Recursos Humanos para que le provea los servicios que puedan ser necesarios para el cumplimiento del plan, de acuerdo con las prácticas habituales de la empresa.

Parte del plan de acción son los plazos de revisión. Esta es la forma más concreta de seguimiento que deberán hacer el evaluado y su jefe.

Periodicidad

Conviene que este proceso se repita cada dos años. La evaluación de desempeño tiene un término anual. El mismo periodo tienen los negocios. Pero el sistema 360 apunta, básicamente, a problemas de relaciones, tema muy complejo, por esto creemos que conviene darse más tiempo entre una evaluación y la siguiente. Dos años es un tiempo adecuado para que las personas intenten un cambio en sus hábitos, y da cierta posibilidad de detectar si mantienen su nueva actitud.

Potencial

El potencial es una decisión subjetiva que supone cualidades no comprobadas en una persona para un puesto que no ha ejercido. El tema del potencial es muy difícil de manejar. Por esto no debe darse a conocer, ya que despierta expectativas sobre cuestiones que, seguramente, cambiarán con el tiempo. Esto es así porque el potencial es la percepción subjetiva de la organización sobre el futuro de un empleado y porque las condiciones en el entorno se modifican constantemente en nuestros días.

El potencial es un elemento que permite a la empresa conocer con cuántas personas cuenta y en qué sectores están para ascender en la organización. No todos los miembros de una empresa tendrán potencial, y está bien que así sea. Pero si no sabe con qué cuenta, el futuro de la organización está en duda. Las búsquedas externas a último momento no siempre son la mejor manera de cubrir puestos por todo lo que ya hemos dicho. Estimar el potencial es un comienzo para prevenir el futuro. A éste lo constituyen:

a. Aspectos anteriores: estudios, experiencia, desempeño, puestos ocupados,
adecuación a la organización.

b. Aspectos actuales: aceptación por parte de la organización, situación dela empresa, existencia de otros competidores en el área.

Cualquier cambio incide sobre la valoración del potencial hasta el punto de cambiarlo.

Código de potencial

Para usar en la determinación de potencial hay dos códigos diferentes, que por su similitud pueden llevar a confusión. El código de potencial general es el que se usa en la evaluación de desempeño: sin potencial, potencial para un nivel, potencial para dos niveles, alto potencial.

El código de potencial de reemplazo es el que se usa en el organigrama de reemplazo y en el cuadro de alto potencial. En este caso hay muchas empresas que tienden a colocar en esos recuadros el tiempo real de reemplazo, por ejemplo: inmediatamente, un año, dos a cuatro años, etcétera.

Sin embargo, esto es irreal. Si no hay un plan de carrera concreto, no hay tiempo establecido previamente en un cuadro de reemplazo. Lo que se dice en un cuadro de reemplazo es que si Martínez se va, Pérez está listo inmediatamente para ocupar el puesto, Fernández podrá tomarlo con algunas falencias, González es un candidato eventual pero todavía le falta.

O sea que lo que hay que hacer es convertir esto en un código. El código significa además un acuerdo del grupo de planeamiento en sí: Tal se va, Cual ocupa su lugar, sin discusiones posteriores, automáticamente.

Cubriendo estas necesidades operativas es que recomendamos el siguiente código:

0. Listo inmediatamente para ocupar el puesto. La línea se compromete a darle el puesto.
1. Aunque tiene falencias, puede ocupar el puesto en caso de vacante. La línea se compromete a darle el puesto.
2. Tiene falencias que deberá cubrir. La línea no se compromete a darle el puesto. Es candidato a ser tenido en cuenta.
3. Está lejos de poder ocupar el puesto, pero es candidato a ser desarrollado.

De esta manera, no se debe recurrir al código engañoso de a cuántos años está la persona de ocupar el puesto y, en cambio, se establecen mecanismos que permiten compromisos entre los miembros de la empresa, evitando los conflictos habituales cuando hay que cubrir una vacante no planificada. Se recomienda, además limitar los códigos 2 y 3, para que no se conviertan en un código eterno, sin compromiso alguno. Ha dado buenos resultados que el código 3 sólo se puede usar un año. Al siguiente año el candidato se elimina o pasa al código 2. En el código 2 se puede mantener tres años. Al cabo de ellos pasa al código 1, con compromiso de ponerlo en el puesto en caso de vacante, o se elimina el nombre de la lista de potencial. Además, una persona eliminada de la lista de potencial no puede ser incluida nuevamente al año siguiente.

Esto es darle continuidad al concepto de potencial, que no se define por el hecho de que una persona haya tenido un año más flojo, sino que se centra en cuánto más puede dar alguien. El potencial no es un vaivén sino una tendencia.

Tener varios códigos para un mismo tema lleva a confusión. Por lo tanto, sugerimos unificar en uno solo, alguna de las tres posibilidades que hemos presentado: por años a ocupar el puesto, por niveles, por código de compromiso organizacional.

De los tres sugerimos unificar el último, por ser el más abarcativo y, sobre todo, el que incluye el compromiso de los miembros de la organización.

Lista de potencial

La lista de potencial se utiliza cuando no existen cuadros de reemplazo. Los hay de dos tipos:

- Lista de alto potencial
- Lista de potencial general

La primera establece los nombres de aquellas personas consideradas con potencial para ocupar los primeros niveles de cada área, indicando el código de potencial de reemplazo, por ejemplo:

Código de reemplazo	0	1	2	3
Producción	Pérez	Fergus	Petro	Kroll
Comercialización	Márquez		Juarez	
Finanzas	González	Gómez	Martín	Antúnez
RR.HH	Martínez	Estrada		

La lista de potencial general establece los potenciales de la totalidad de la empresa, para lo cual se usa el código de potencial por niveles, por ejemplo:

Grupo de evaluación	Código 1	Código 2	Código 3
Potencial 5	Martel	Pertsssi	Vallas
Potencial 6	Atin	Pérez	Marcos
Potencial 7	Antonelli	Rolan	

Es preferible desarrollar cuadros de reemplazo con los datos que nos da la evaluación de desempeño en vez de hacer una lista de potencial, porque los cuadros nos dan una visión más clara y específica de la situación de la empresa.

Planeamiento de carrera

El planeamiento de carrera es una técnica que coordina y explicita el desarrollo y los movimientos del personal en el futuro. Esto significa orden y continuidad en la empresa y la mejora de las relaciones, ya que el personal es consciente de que la dirección se ocupa de él.

Reúne, entre otras, las siguientes ventajas:

- Explicita las opiniones.

- Permite la discusión de los distintos puntos de vista.
- Elimina las disputas cuando se produce una vacante.
- Logra la aceptación de los futuros ocupantes antes de que estén en el puesto, facilitando su tarea futura.
- Disminuye los conflictos.
- Hace que la gente se sienta mejor porque sabe que por lo menos una vez por año se ocupan de su futuro (aunque no sea el caso específico, la gente confía en la estabilidad de los sistemas y no crea conflictos por falta de atención).

Entre sus desventajas o dificultades se puede mencionar que:

- Los niveles superiores se resisten a objetivar sus opiniones porque de esa manera pierden poder, de arbitrariedad.
- Pueden haber filtraciones de la información.
- Para realizar un desarrollo tanto del personal como de la empresa, se precisa hacer un planeamiento de carrera que concrete esa continuidad imprescindible.

El planeamiento por impulsos no sirve. El planeamiento de todo desarrollo tiene que tener continuidad.

Técnicas que hacen al planeamiento
Las técnicas que hacen al planeamiento son:
- Descripción de tareas(estándar o perfil depuesto)
- Inventario de personal
- Evaluación de desempeño
- Hoja de planeamiento
- Organigrama funcional
- Organigrama de reemplazo
- Carrera tipo
- Pirámide
- Plan de capacitación

- Lista de potencial

Descripción de tareas
Ya ha sido analizada en capítulos anteriores.

Inventario de personal
Para poder hacer planeamiento se deben tener datos suficientes del personal; habitualmente, sólo se tienen los básicos. Aquí se trata de reunir información completa respecto a estudios, experiencias y habilidades; es decir, elementos que puedan servir para guiar el planeamiento de la carrera de esa persona. Para empresas grandes adjuntamos un formulario de relevamiento de datos. Las de menor tamaño no precisarán algo tan completo; en ocasiones basta un agregado a la hoja de evaluación de desempeño, que incluya estos datos complementarios. Para mantenerlos al día, nuevamente podrá bastar una hoja en el formulario de evaluación de desempeño.

Evaluación de desempeño
Ya fue tratada.

Hoja de planeamiento
Sistema poco usado por ser burocrático y pesado. En su reemplazo se utiliza una hoja de movimientos del año planificado y de cuadros de reemplazo. Se agrega un ejemplo para describir la intención y la dificultad que hoy en día supone.

Organigrama funcional
El organigrama funcional, o sea, el organigrama de la empresa, es necesario para conocer los puestos de que se trata y las posibilidades de movimiento que esto implica.

Organigrama de reemplazo
Es el resultado del análisis de las coberturas posibles de los puestos existentes o futuros. El cuadro de reemplazos es la

base del mantenimiento de la continuidad de la empresa, ya que las demás técnicas resultan muy burocráticas. Lo trataremos en detalle más adelante en este mismo capítulo. Para su armado, se sugiere poner a la izquierda el potencial y a la derecha el código de tiempo, o usar solamente el código de tiempo, así se agiliza el sistema y se mantiene sólo lo importante, es decir, el código acordado por las partes para el eventual reemplazante. Lo demás resulta una molestia administrativa y tiende a ocasionar el rechazo del proyecto.

Carrera tipo
La carrera tipo es la secuencia de puestos que una persona debería ocupar para llegar a una posición determinada en la empresa.

Puestos de ingreso
Una empresa que quiera hacer un desarrollo adecuado de personal tiene que empezar por los puestos de ingreso. Estos no son cualquiera, sino aquellos definidos como tales en la base de la pirámide.

Pirámide
Los movimientos de personal tienden a sufrir los problemas que plantean las formas de las estructuras de las organizaciones. El análisis de la pirámide de personal permite visualizar rápidamente los estrangulamientos y los valles, donde tendremos problemas con los movimientos del personal. Cada grupo de evaluación de tareas reúne cierta cantidad de puestos que son, a su vez, una o varias posiciones. Esto conforma el perfil de movimientos posibles. Si se tiene tiempo, hacerlo una vez es útil. En general no se producen muchas modificaciones sobre el primer modelo logrado, ya que esto significaría cambios de estructura que no suelen ocurrir en las empresas.

Cuadros de reemplazo

Los cuadros de reemplazo son el instrumento más apto para tener una clara visión de los posibles sustitutos con los que cuenta la empresa. De allí surge la necesidad de capacitar personas y de buscar refuerzos. También puede ocurrir que haya una acumulación de potencial en algún punto de la empresa y que convenga desarrollar estrategias para aprovecharlo en diferentes áreas.

Para trabajar en el tema de los cuadros de reemplazo, debe contarse con el organigrama de la empresa y la evaluación de tareas y de potencial. Conviene tener la evaluación de desempeño, la descripción de tareas y el inventario de personal. Concluida la evaluación de desempeño, es el momento indicado para hacer el planeamiento, si no lo hubiere, al comienzo del nuevo año contable. Debe definirse qué grupos serán objeto de planeamiento y qué niveles lo harán.

El planeamiento de la carrera del personal dentro del convenio está determinado por las condiciones de capacitación y antigüedad que debe tener el candidato. No se hace reunión sobre ellos y no se cuestionan los niveles.

En cambio, el personal fuera de convenio debe poder planificar el nivel inmediato inferior y dar sugerencias sobre sus propios sustitutos. Estas reuniones deberían considerar a todo el personal fuera de convenio. Conviene empezar por el nivel más alto y ampliarlo cada año a niveles inferiores. Esto depende, de todas maneras, de la cultura de la empresa. En todo caso, los asistentes de un nivel de dirección deberían considerar los cuadros de reemplazo hasta el nivel inferior a ellos; si se amplía a los gerentes, el análisis debería llevarse hasta el nivel inmediato inferior al de gerentes. Y si se hiciera con el nivel de jefes, éstos considerarán los reemplazos hasta su nivel inferior.

Reunión de cuadros de reemplazo

La mecánica de la reunión es importante. Sugerimos lo siguiente:

- Tener material con los organigramas de cuadros de reemplazo, alto potencial y plan de capacitación y carrera.
- Cada miembro del grupo que se reúne pasará al frente y hará las sugerencias al grupo acerca de quiénes podrían ser candidatos para los reemplazos de su grupo. Se discute cada caso.
- Tener material de evaluaciones de desempeño, descripciones de tareas, inventario de personal y todo el que se considere necesario para ayudar a aclarar cuestiones.
- El presentante colocará en la lista de alto potencial a los candidatos propuestos y aprobados por el grupo. También, en la hoja de capacitación y carrera, los cursos, quiénes los harán y los movimientos de personal previstos para el año siguiente.
- La decisión final será del supervisor, que es quien está haciendo la presentación. Sin embargo, es evidente que el presentante no podrá colocar como candidato a cualquier persona, aunque tenga todos los elementos propios de evaluación de desempeño y potencial a su favor.
- El acuerdo de la organización es fundamental para que alguien pueda funcionar en su puesto. Y si no lo tiene, es mejor saberlo antes y poder analizarlo debidamente para zanjar las diferencias o eliminar al candidato conflictivo. También para colocarlo a pesar de todo, caso poco probable.
- Discutidos todos los casos de cada uno de los miembros del grupo, RR.HH. recogerá el material y confeccionará las listas y cuadros de reemplazo que se darán a dichos miembros o que quedarán en manos de RR.HH. para ser consultados cuando se desee. Esto, una vez más, depende de la cultura de la empresa y de los costos.

- RR.HH. se encargará de coordinar los movimientos y la capacitación acordada para cada caso.

Administración de capacitación

Administrar la capacitación es la base para que el desarrollo tenga continuidad. El entrenamiento suele ser discontinuado y las empresas no siempre mantienen criterios de continuidad uniformes en el tiempo. Esto se debe a distintos factores, pero uno de ellos es la falta de una administración adecuada que permita ver qué es lo que ha estado ocurriendo, base informativa necesaria para tomar conciencia de la realidad y adoptar decisiones futuras.

La administración de la capacitación es un proceso que tiene tres etapas básicas: recepción de información, concreción del entrenamiento y relevamiento de resultados. (Ver link)

Recepción de información

Concreción del entrenamiento

Relevamiento de resultados

Uno de los temas más arduos en administración de empresas es la evaluación de la capacitación.

Coaching

El *coaching* es un mecanismo de consejo y apoyo, en un campo determinado, dado a una persona por parte de otra reconocida como de mayor habilidad y experiencia en ese campo.
- El *coaching* no es sólo una forma de entrevista, sino algo más amplio. En general se lo cuestiona porque no

da resultados sistemáticamente visibles, porque parece algo poco "empresario", una especie de psicoterapia o de tutoría. También se lo evita porque se supone que hacerlo lleva mucho tiempo. El *coaching* es un proceso de soporte. (ver link)

Counseling

El *counseling* sigue las mismas líneas del *coaching* pero difiere en un punto esencial: el *counseling* es el apoyo de una persona a otra en un proceso de desarrollo. El *counseling* no tiene tiempos ni límites. Es un consejero general que no se constriñe a temas preestablecidos, sino a líneas de desarrollo de carrera profesional o de guía para el desarrollo. El *counselor* usa los medios que puedan ser útiles a la persona, incluyendo tests psicológicos o exámenes de otro tipo que permitan darle mejor consejo.

Como en el caso anterior, no es él o ella quien debe solucionar las dificultades, ni siquiera tomar las decisiones por su guiado, sino que deben ayudarlo a llegar a las mejores decisiones y a tomar los caminos que mejor puedan servir a esa persona.

A diferencia del caso anterior, la tarea en común continúa hasta que alguna de las dos partes considere que se han alcanzado los niveles de claridad necesarios o que no están satisfechos con el proceso.

El *counseling* no es una herramienta específica de la empresa, sino una herramienta que utilizan especialistas, familias, colegios y, en fin, todo aquel que espera encontrar en ese profesional la ayuda para concretar los mejores proyectos posibles para ellas.

Mentoring

El mentor es una persona que actúa en un claustro académico, con el objetivo de guiar y ayudar a un alumno. En general se adjudica un mentor según las políticas de la institución. En algunos casos, todos los alumnos tienen un mentor que los guía, en otros se le designa un mentor a quien tiene dificultades.

En todo caso, el mentor no sólo es una persona con conocimientos específicos, sino alguien que tendrá reuniones con el alumno para ayudarle a solucionar problemas de técnica de estudio, dificultades con otros profesores, con una materia, definición de los estudios especiales y, en fin, todo lo relacionado con el trabajo del estudiante en su desarrollo en la institución.

Knowledge management

El *knowledge management (KM),* gerencia del conocimiento, es una técnica que permite el intercambio entre un grupo de personas dedicadas al mismo tema, para hacer conocer experiencias, soluciones, problemas y, en fin, lo que saben y viven de su profesión para el aprovechamiento común.

La idea básica es cambiar el concepto de "la empresa que se capacita" por "la empresa del conocimiento". El KM permite acelerar la adquisición de conocimientos que están a disposición de quienes forman parte el grupo o empresa.

El KM es muy útil para no perder tiempo en la repetición de experiencias dentro de la misma empresa, cuando ya se conocen los resultados de hechos anteriores.

La práctica se concreta con un sistema que se ha desarrollado para que las personas puedan entrar en los distintos tópicos de las cuestiones propias de sus puestos o profesiones. Así, cada miembro del grupo puede ingresar al sistema común para saber qué se ha hecho o qué se sabe en tal o cual materia, qué experiencia se ha tenido con clientes o proveedores en tales temas, etc. El sistema esarmado por los especialistas junto con los usuarios, que son quienes determinanlos campos de su interés. "

La descripción del proceso, según Tobin (1998), es la siguiente:

- Las personas envían datos al programa.
- Otras personas usan los datos relevantes (información).
- Con esta información hacen su experiencia (conocimiento).
- Con este conocimiento adquieren sabiduría.

Revertido esto al programa, queda a disposición de otros para volver a producir el proceso y engrosar a su vez la disponibilidad para todos.

El proceso de implementación del sistema no siempre es fácil, ya que la complejidad de ciertos temas hace que los capítulos a abrir sean numerosos. Pero, por otra parte, se lo puede iniciar con algunos temas e ir sumando otros.

El problema mayor del KM es la reticencia de las personas a compartir sus experiencias y conocimientos con el grupo de una manera abierta e incondicional, poniendo incluso en riesgo sus carreras si otro aprovecha esos conocimientos. Esto ha llevado a que el KM fuera difícil de implementar en diversas empresas o localidades.

Sin embargo, como señala Nonaka (1999), es una herramienta poderosa en una era en que el conocimiento es excepcionalmente valioso para las empresas.

CAPITULO 1 2

LA SALUD

Medicina, Higiene y Seguridad industrial

Relación con Recursos Humanos

Medicina, Higiene y Seguridad industrial se relacionan con Recursos Humanos cuando se trata del empleado. Su salud es un elemento fundamental y las tres disciplinas convergen en favor de ésta.

El tema de la salud no está dentro de las especialidades del responsable de RR.HH., pero sí en el campo de los recursos humanos de la empresa, por lo tanto, debe estar dentro de su área de organización.

La posición de RR.HH. no debe ser de intromisión en esas disciplinas, sino de administración. Podrá definir los niveles de chequeo de la salud del empleado, pero es el médico el que determinará qué exámenes se deberán efectuar. Por otra parte, RR.HH podrá definir si quiere un test profundo de personalidad, uno de adecuación al puesto o el análisis de ciertas cualidades generales para la empresa, para el sector o para el puesto. Pero será el psicólogo quien decida qué instrumentos utilizará y, más aún, será él quien lo administre y nunca el especialista de RR.HH., como hemos conocido casos.

El mismo principio se aplica para la Higiene y para la Seguridad industrial, cuyo alcance tiene que ver con una cuestión de política general de la empresa y, en última instancia, una cuestión de costos. Pero no es el hombre de RR.HH. el que debe decir qué es lo que hay que hacer. La pregunta que debe hacerse RR.HH. es cuánto cuesta llegar a cierto nivel de seguridad o de higiene, cuánto tiempo lleva hacerlo, en qué medida interrumpe o dificulta la producción o la tarea de la oficina, en fin, todo lo relacionado con la administración de la cuestión, pero siempre respetando el campo del especialista en cada una de las tres disciplinas.

El objetivo final es contar con un grupo de personas en buen estado de salud. Las enfermedades, los accidentes, son motivo de ausentismo, de dificultades o de trabajos hechos con lentitud. Son, además, causa de una mala relación entre el personal y la empresa que no se preocupa por el cuidado de la salud de sus empleados.

Medicina

En el tema Medicina, la empresa se asegura la atención del personal en casos de enfermedad o de accidente en el lugar de trabajo, así como de tratamientos *in-itinere* (hacia el trabajo o desde el trabajo hacia su casa). El médico debería ser, además, un asesor próximo a RR.HH. en este tema, es decir, la salud en tanto cobertura y prevención en general.

Numerosas legislaciones suelen contemplar la obligación empresarial de hacer exámenes periódicos de prevención. En general, las empresas contratan a otras especializadas en realizar los controles. De esta tarea preventiva surge, en ocasiones, el conocimiento de daños físicos que todavía no se han manifestado con fuerza suficiente y que, por lo tanto, pueden ser solucionados más con más facilidad.

Es habitual hoy en día que haya sistemas de salud provistos por las empresas, los sindicatos o el Estado. Estos sistemas habitualmente cubren no sólo al trabajador sino también a su familia.

La legislación establece, asimismo, en qué ocasiones la empresa debe tener un médico permanente o un enfermero en el lugar de trabajo. Esto se relaciona con la cantidad de personal que hay en ese lugar específico y no con el número total de empleados de la organización. Por ejemplo, la ley puede establecer que una empresa tenga un médico en planta si supera el número de 150 empleados. Pero si el personal está distribuido en dos lugares de trabajo con 80 personas cada uno, entonces no tendría que contar con un médico.

Los criterios en cada uno de estos casos son diferentes entre países, aunque, por lo general, los principios sean similares. Sin embargo, algunos países no tienen legislaciones al respecto y no dan cobertura médica ni obligan a ella.

Higiene

La Higiene refiere a la toxicidad del medio ambiente. Esta disciplina no se ocupa de accidentes sino, básicamente, de enfermedades llamadas *profesionales,* porque son causadas por el ambiente de trabajo. Los temas de que se ocupa tienen que ver con la luz, el ruido, los gases, las vibraciones y toda condición de trabajo que ataque la salud del empleado.

En general, las legislaciones establecen condiciones que varían respecto de algunos temas y no legislan acerca de otros. Es habitual que haya definiciones sobre niveles de ruido, aunque los criterios difieran entre 80 y 85 decibeles. En algunos casos se establecen tiempos de exposición por considerarla nociva. En cambio, pocas veces se legisla sobre la vibración.

Lo más aconsejable para no entrar en discusiones cuando no se tiene el conocimiento suficiente es hacer estudios periódicos. En estos sondeos de situación, el especialista determina el estado del lugar de trabajo en comparación con la ley o con la política de la empresa, si ésta fuera superior a la ley.

Se hace saber a la línea qué cambiar y ésta debe presentar un plan de mejora y llevarlo a cabo. Al año siguiente o a los dos años, de acuerdo con los plazos que la empresa haya estipulado para corregir la situación, se vuelve a hacer el sondeo.

De esta manera, RR.HH. no toma la responsabilidad por aquello que no tiene el poder para solucionar; en particular, si se considera que la línea siempre es muy celosa de la intervención de otros. RR.HH. podrá asesorar respecto de cuál es la solución o con quién llevarla a cabo, pero la decisión y la responsabilidad es de la línea.

Si la empresa resuelve mantenerse por encima o por debajo de las normas legales o corporativas, RR.HH. no puede sino señalar el error y el peligro. Como vimos al tratar el tema del cambio, una de sus reglas es no iniciar aquella modificación para la cual no se tiene poder suficiente en todo sentido. Y en este tema, el poder lo tiene la línea y no RR.HH.

En las encuestas se aconseja utilizar una forma que sintetice la situación. Si se debe realizar un análisis de todo el informe, la cantidad de datos es tal que nunca se puede ver con claridad en qué punto se está. Si, en cambio, se puede ofrecer una síntesis del estudio, se facilitará, en primer lugar, ver la situación y, en segundo lugar, analizar aquellos aspectos que se desee ampliar.

El Ing. Juan Manuel Martínez Prieto, insigne especialista en el tema y que fuera secretario de Medio Ambiente de la Argentina, ideó un sistema que permite visualizar rápidamente la situación. Este consiste en un cuadro de doble entrada, que incluye los lugares de trabajo y los grados de situación en cada uno de ellos. Por ejemplo:
En cada caso, colocamos una señal tipo semáforo:

	Verde	**Amarillo**	**Rojo**
Sala de calderas			
Almacén			
Producción con carbón			
Línea de montaje uno			
Sala de pintura			

- Verde, si estamos dentro de la norma.
- Amarilla, si estamos próximos al tope.
- Roja, si estamos en contravención o en riesgo.

De esta manera, podemos leer fácilmente dónde hay problemas potenciales y dónde infracción. Este es un sistema muy útil que permite prestar atención a la situación en Higiene sin recurrir a la lectura de los informes, que es siempre más difícil y lleva más tiempo.

Esto puede hacerse en una hoja distinta para cada tema o en una sola hoja que, en la parte superior, en vez de la denominación del color, refiera a un aspecto determinado. Por ejemplo:

	Humos	**Ruidos**	**Luz**
Sala de calderas			
Almacén			
Producción de carbón			

En cada celda se pondrá el color del semáforo que señalamos antes, según sea la situación.

En general, la solución de la mayoría de los problemas de higiene no es costosa, en contra de lo que se cree. Algunos problemas requieren una inversión mayor que otros, pero el único realmente oneroso es el ruido. La solución más frecuente es ponerle orejeras al operario. Lo que no se toma en cuenta en ese caso es que el ruido ataca también el resto del cuerpo, en especial las vísceras. La solución real es encapsular la máquina que produce ruido, pero esto es más costoso, por lo que se suele obviar.

Seguridad industrial

La última de estas disciplinas relacionadas con la salud es la Seguridad industrial. Se ocupa de la prevención de accidentes y de las soluciones que eviten accidentes futuros. En este tema, como en los anteriores, algunas legislaciones establecen la obligación de tener especialistas según la cantidad de empleados en el sector y, en general, distinguiendo si se trata de oficinas o de áreas fabriles.

También en este caso RR.HH. podrá presionar para que se mejoren las condiciones, pero no debe inmiscuirse en las propuestas de los técnicos en seguridad, quienes recomendarán y llevarán a cabo las soluciones que parezcan más oportunas de acuerdo con esa disciplina.

En esta área también se puede utilizar el semáforo de Martínez Prieto, aunque su lectura se complica porque los sectores son más numerosos. Se puede simplificar utilizando el primer ejemplo, es decir, cada sector con el correspondiente semáforo. En este caso habría que distinguir más detalladamente la zona o el proceso de fabricación al que nos referimos, ya que las condiciones de seguridad pueden ser muy buenas o muy malas en sectores más reducidos que en el caso de la higiene.

En las industrias debería existir un Comité de Seguridad del que sean parte los gerentes de Producción y Mantenimiento y de Recursos Humanos. Puede haber otro comité que haga el seguimiento a un nivel inferior, de carácter más operativo que el anterior. Estos comités serían responsables de que se realizara el análisis de la situación, se obtuviera una recomendación y se hiciera el seguimiento de lo que fuera aprobado.

CAPITULO 13

LAS RELACIONES LABORALES

Los sindicatos

Desde los tiempos romanos y durante la Edad Media existieron los gremios. Estos eran organizaciones que se dedicaban a cierta actividad y nucleaban a todos los que la desarrollaban en el lugar. Estos gremios establecían las carreras y los precios, y brindaban cobertura a sus miembros aun con jubilaciones cuando se retiraban y con pagos a las viudas. Esto daba una gran sensación de pertenencia.

A partir del siglo XVIII se hicieron cada vez más habituales las empresas donde una persona o un grupo de personas invertía un capital para desarrollar la elaboración o la explotación de algún elemento y para ello tomaban a otras personas. Esta traslación del gremio a la empresa fue produciendo la desaparición de los gremios.

En esas empresas los empleados eran, en su gran mayoría, operarios. Las empresas, sobre la base de su estructura, establecieron la diferencia entre patrones y empleados/operarios. Esto dio lugar a la formación de grupos de defensa de los trabajadores, llamados sindicatos. Los sindicatos comenzaron por ser de corte "revolucionario", enfrentándose con los empleadores, llamados tradicionalmente "la patronal".

En esta primera época aparecieron los sindicatos anarquistas, que pretendían destruir el Estado, para lo cual comenzaban por destruir las empresas; luego los socialistas, que tuvieron distintos tonos, hasta llegar a los cristianos que impulsó León XIII. Los sindicatos comenzaron a reunirse en federaciones de sector o en internacionales. A partir de la Revolución Rusa, hubo un movimiento de sindicatos comunistas que querían que los bienes pasaran a ser del Estado. Su confrontación era, por lo general, muy dura.

En esta lucha hubo momentos álgidos en todos los países. En los Estados Unidos (Chicago), en Francia y en Inglaterra en las minas de carbón, se produjeron brotes de violencia, así como en otras áreas. Se dice que el primer sindicato fue el de los cordeleros en Filadelfia, en 1792, y en general los que tomaron la iniciativa fueron los trabajadores de las minas de carbón, los operarios de la imprenta y los del ferrocarril; los primeros por la extrema dureza del trabajo y los otros porque estaban en comunicación con varios lugares físicos o intelectuales.

En este enfrentamiento, se fue desarrollando un sindicato más evolucionista con un empleador más flexible, en la búsqueda de lograr resultados a través de la negociación.

Estratificación y desarrollo

Los sindicatos originariamente fueron de empresa. Estos grupos comenzaron a reunirse con los de otras empresas, en general dentro del mismo tipo de industria. Así se constituyeron los sindicatos por rama, es decir, por actividad. Cuando se formaba un sindicato se designaba un secretario o presidente que estaba al frente de una comisión directiva que colaboraba con él; en todos los casos siempre se mantuvo en cada empresa una delegación o comisión interna elegida por los distintos delegados de los sectores, en número establecido por la ley de cada país. El mandato de estos delegados y comisiones internas tiene un cierto tiempo de vigencia, después del cual debe haber nuevas elecciones. La estructura de una comisión interna representando a la comisión directiva adquirió mayor importancia cuando se creó la federación de sindicatos. Esta federación reunía, en ocasiones, sindicatos de la misma actividad pero de diferentes territorios del país.

Por último, a nivel de cada país, las federaciones se reunieron en la Confederación o Unión General de los Trabajadores. Con variantes locales, esta es la política general sobre el tema.

En otro sentido, los sindicatos, que originalmente abarcaban a los operarios, fueron ampliándose a los administrativos y al personal de empresas de servicios. En ocasiones éstos formaban sus propias organizaciones. Asimismo, los supervisores e incluso los jefes integraron algunas de éstas, originalmente de jornalizados, o constituyeron sus propios sindicatos. Los hay de capitanes de ultramar o de río, de jefes de máquina, y en algunos lugares, incluso de gerentes. Cabe señalar que hubo discusiones sobre si los empleados de la administración pública podían sindicalizarse, lo cual hoy es práctica habitual.

En general, el sindicalismo ha tenido distinto nivel de influencia. Las crisis del siglo XIX lo pusieron en grave trance, la de 1930 disminuyó su membrecía, pero a partir de 1950 su crecimiento fue importante en todo el mundo. Con las nuevas tecnologías el trabajo se hizo más individual e independiente y el sindicalismo perdió fuerza. En 1995 sólo en los Estados Unidos el 15% de los trabajadores estaba afiliado y en Francia sólo el 11%.

Distintas prácticas laborales

La ley y las costumbres han promovido el desarrollo de distintas situaciones en cada país. En la actualidad, en Alemania por ejemplo, es obligatorio que todos los trabajadores participen en las decisiones que afectan a la fábrica y a la empresa. Hay consejos laborales, que son comités compuestos por la empresa y el sindicato, cuya responsabilidad es dirigir el lugar de trabajo y que tienen representación en la junta directiva de la empresa. En Inglaterra se discuten convenios colectivos nacionales entre los sindicatos obreros y las asociaciones de empleadores, que generalmente no tienen tiempo de expiración. Pueden ser aplicados con variaciones en regiones diferentes. En Japón, los sindicatos de empresa abarcan a todos los trabajadores y se han establecido relaciones de cooperación en pro del conjunto a tal punto que líderes sindicales han sido nombrados ejecutivos de la empresa.

En Canadá requieren que se dé aviso en caso de huelga para que el Consejo de Investigación se tome treinta días para conocer las posiciones de las partes y elevar su informe al Ministerio. Esto ha reducido, en gran medida, las huelgas. Éstas se regulan por convenios colectivos o locales.

En Australia y Nueva Zelanda existe un sistema de arbitraje obligatorio que lleva a que las negociaciones/cuando no se alcanza un acuerdo y los mediadores no logran resultados, sean llevadas a la Corte Permanente de Arbitraje para su definición.

En Suecia se trabaja sobre la base de convenios colectivos, pero existe una Corte de Trabajo que trata las cuestiones derivadas de la interpretación de los contratos. Está integrada por seis miembros, dos por cada parte y dos por el gobierno.

En los Estados Unidos las organizaciones obreras y empresarias discuten convenios colectivos a nivel de empresa o nacionales. Esto ocurre en la actualidad en la mayoría de los países donde hay una tendencia a que las pequeñas empresas trabajen no sindicalizadas, bien porque el sindicato no agregaría nada a las buenas relaciones, bien por temor al despido.

En América Latina, el sistema es de convenios colectivos, por actividad o por empresa, donde el Estado actúa como coordinador y mediador.

Relaciones entre empleados y empleadores

Además de su función original, los sindicatos han ampliado sus acciones en distintas áreas. Así, hay asociaciones con sistemas de salud para sus asociados, otras dan asesoramiento en asuntos legales personales, están también las que ayudan en los trámites jubilatorios o las que ofrecen planes de retiro. El sindicato ha comprendido que el operario o empleado tiene otras necesidades que van más allá de los acuerdos a que se pueda llegar con los empleadores, aunque esos acuerdos tengan en cuenta algunos elementos que no hacen estrictamente al trabajo. En los convenios se encuentran cláusulas que establecen algunos tipos de permisos, la obligación de tener guarderías o la de que haya un comedor, y también la organización de actividades deportivas.

Asimismo, los sindicatos han incursionado en la política. En Inglaterra, el Partido Laborista ha estado durante largos periodos en el poder; en España, el Partido Socialista Español posee una fuerte base sindical; en Argentina, el partido peronista nació a partir de los obreros. Así es como en Francia, Italia, Polonia y aun en los Estados Unidos los sindicatos tienen influencia en la política, porque han descubierto que a través de ésta consiguen que se establezcan legislaciones que, de otra manera, sería difícil lograr. En esta iniciativa, en algunos países han llegado al punto de gobernar o compartir el gobierno.

Políticas de relaciones laborales

Frente a la existencia de los sindicatos, las empresas adoptaron distintas posturas. En un primer momento fueron de oposición, se despidió a los que se consideraba revoltosos y se acudió a prácticas violentas por matones, en más de un caso. Con el tiempo empezaron a aparecer los empleadores que preferían un acuerdo antes que seguir con esas situaciones violentas y se delinearon cuatro posiciones básicas con sus variantes.

1. **La empresa autoritaria:** da órdenes, no sólo al sindicato sino también a todo su personal. La situación, por lo general, deriva en conflictos y huelgas.
2. **La empresa paternalista:** es autoritaria pero con aspecto bondadoso; mantiene relaciones abiertas con el sindicato, en lo aparente. En realidad, esconde lo que no

va a negociar y plantea sus propias posiciones con amabilidad, pero con dureza.
3. **La empresa participativa:** lo es con sus empleados y con el sindicato. Busca lograr acuerdos que sean útiles a ambas partes y que, por lo tanto, sean permanentes.
4. **La empresa cautiva:** en ciertos casos, el sindicato de empresa se convierte, en realidad, en una cárcel para ésta. Si bien puede existir un convenio colectivo general, a ella se aplican acuerdos propios. La empresa cautiva está en una situación muy incómoda, ya que su poder queda en manos del sindicato en una proporción mucho mayor que en los casos anteriores.

El conflicto

Los sindicatos llegan al conflicto por las siguientes causas:

1. **Lucha intersindical.** Este es uno de los problemas más difíciles para la empresa. Cuando dos sindicatos se pelean por tener el poder, la empresa puede recurrir al Ministerio de Trabajo para que establezca un tiempo de negociación o de *statu quo* y se defina sobre la competencia del sindicato que corresponde. Si el Ministerio no reacciona, podrá tomar medidas de apelación, judiciales de amparo y, en fin, todas las que pudieran llevar a que se defina el conflicto. Pero a veces la lucha es interna; se está peleando por ver quién maneja una comisión interna. En este caso los delegados de las distintas secciones crean problemas para sacar ventaja para su grupo. Si la empresa no le da ventaja a alguno de los grupos, se dará comienzo a una escalada de demostraciones de poder mediante paros que serán mayores o menores, dependiendo del nivel de fuerza de cada grupo. Nuevamente, la empresa deberá recurrir al Ministerio, pero el desgaste en la producción es importante, y un proceso semejante puede provocar fuertes pérdidas, hasta tanto una fracción venza a la

otra.
2. **Dificultades políticas del sindicato.** Si existen dificultades políticas internas se puede producir cualquiera de las dos situaciones analizadas previamente. Si, en cambio, tiene dificultades políticas externas, éstas en general serán con el gobierno o con el partido en el poder. En este caso la situación lo llevará a demostrar su fuerza, con lo cual la empresa quedará en el medio de una lucha frente a la que no podrá hacer nada. Así, deberá recurrir al Ministerio, pero esto la pondrá del lado del gobierno contra el sindicato y entonces sufrirá las consecuencias. La búsqueda de un acuerdo del gobierno con el sindicato para dejar de lado a la empresa o reducir el daño no siempre tiene éxito.
3. **Intransigencia sindical.** Este es el caso de los sindicatos anarquistas y de los comunistas del pasado. Aunque hoy estos dos tipos de sindicatos no existen, no significa que sindicatos socialistas o de alguna entidad de izquierda revolucionaria local no se coloquen en posiciones intransigentes que lleven al conflicto. Nuevamente, hay que recurrir al Ministerio lo que no siempre es fácil en estos casos, no sólo porque la estrategia es por lo general la del pequeño conflicto permanente sino porque, además, el Ministerio puede no querer enfrentar a esas fracciones.
4. **Dificultades políticas de la gerencia local.** Puede ser que la empresa no sea la causante del conflicto como entidad, pero sí que haya gerentes conflictivos. Estos tienden a llevar la situación al punto de ruptura, a la queja permanente, a la insatisfacción y, eventualmente, a la huelga. Aquí será el sindicato el que esté en una situación difícil y el que deba recurrir al Ministerio, lo que no siempre es fácil, ya que las situaciones son menores y continuas y no tienen entidad suficiente para un reclamo frente al Ministerio. Estos casos producen daño y son difíciles de bloquear porque están basados en las características personales de los actores

involucrados.

Posición de la empresa. Aquí es la empresa la causante del conflicto y es el sindicato el que recurre al Ministerio para que establezca el periodo de conciliación o el mecanismo que la ley determine para estas situaciones. **Condiciones de trabajo.** Esta es una causa muy común de conflicto. En muchas empresas las condiciones de trabajo son malas. En algún momento los trabajadores toman conciencia de la situación y comienzan una campaña para intentar mejorar esas condiciones. Es poco probable que la primera reacción de la empresa sea favorable. En general se espera que el movimiento se debilite y fracase, o se argumenta que los costos involucrados en los cambios solicitados llevarían la empresa a la quiebra. Esto por lo general no es cierto, pero el conflicto llega así a un punto muerto, hasta derivar en otros mayores.

Quejas. Las definimos como situaciones en una empresa en particular, provocadas por alguna de las causas de conflicto que enumeramos antes. La situación se negociará entre las partes, en el ámbito que corresponda, hasta el punto en que no se llegue a un acuerdo. Normalmente, en ese caso la ley establece algún procedimiento, en ocasiones de arbitraje, a veces de mediación, pero en general es la presentación ante el Ministerio para que declare un tiempo de espera o de conciliación durante el cual se mantiene el *statu quo,* hasta alcanzar algún acuerdo con la ayuda ministerial. En caso de que no ocurra se cae nuevamente en las medidas de fuerza, en general sindicales, aunque hay posibilidades de un *lock-out* empresario hasta tanto se calmen los ánimos como forma de evitar el sabotaje de máquinas o procesos. Esta situación se mantiene hasta llegar a algún acuerdo. En el caso del conflicto local los problemas tienen nombre propio. No es la situación sindical sino tal o cual empleado, y tampoco la empresarial sino el supervisor tal o el gerente cual.

Cuando por fin se llega a un acuerdo, volver las relaciones a su nivel anterior cuesta trabajo y significa, por parte de la empresa, desarrollar una campaña de comunicaciones que permita establecer una situación de producción efectiva.

La negociación

La negociación en relaciones laborales responde a los mismos principios que la negociación en general. En este sentido, conocer la técnica del *yes-yes* (ganar-ganar) y sus formas más duras es básico para un negociador.

A partir de este punto, en cada lugar los individuos se encuentran con regímenes legales diferentes que los condicionan y guían.

Convenio colectivo y procedimientos para implementarlo

Las leyes sobre contrato colectivo o convenio colectivo establecen procedimientos específicos para llevar adelante la negociación. En general se trata de presentaciones del sindicato en sus distintos niveles determinadas por el momento en que el convenio ha vencido, o antes del vencimiento, por elementos para negociar en vista de algún hecho extraordinario o por que la ley establece esos momentos. En las legislaciones en las que los convenios colectivos no tienen vencimiento, las partes se presentan ante el Ministerio cuando desean modificarlo.

La parte empresaria tiene un tiempo para contestar a la presentación ante el Ministerio, y hacer a su vez su contraoferta, presentando iniciativas propias, negando solicitudes del sindicato o rechazando toda la presentación.

La negociación ante el Ministerio continúa, discutiéndose los puntos en litigio. Es habitual en muchos países que al mismo tiempo se produzcan reuniones oficiosas de las partes fuera del Ministerio para alcanzar acuerdos sobre algunos temas, para acercar posiciones o para acordar el nuevo convenio.

En algún momento se llega a un acuerdo o a un conflicto. Ahí, el Ministerio dispone de herramientas para establecer tiempos de espera, puede ser conciliación voluntaria o arbitraje obligatorio. Cada legislación tiene sus propias características, pero la intención es congelar la situación y dar tiempo a las partes para reconsiderar. Mientras tanto se sigue con las negociaciones. Estos tiempos de espera oscilan entre quince días y un mes.

Finalmente, se llega a un acuerdo o a una ruptura que llevará a un conflicto durante el cual las partes tomarán diferentes medidas. En general, la medida es la huelga sindical, aunque puede darse también el paro empresario.

Por algún camino más o menos tortuoso o largo se llega al acuerdo final y se firma el nuevo convenio colectivo de trabajo.

Los convenios colectivos tienen contenidos muy disímiles. Algunos son muy cortos y se tratan en apenas diez artículos, mientras que otros son verdaderos manuales de administración. Este último caso no es bueno, ya que restringe las operaciones de las empresas y endurece las relaciones entre empresa y empleado.

Los convenios tratan temas diferentes porque dependen, por lo pronto, de lo que regula la ley. Si la ley establece algo sobre algún aspecto del trabajo, por ejemplo pagos, horarios o permisos, el convenio podrá hacerlo más favorable al empleado, pero no podrá empeorarlo. Ningún juez aceptaría este hecho suponiendo que sí lo hiciera el Ministerio, lo cual también es dudoso. Así pues, la lista de ítems que podemos mencionar está muy condicionada a las leyes del lugar.

Por lo pronto, hay en el convenio un mutuo reconocimiento de las partes. Ellas, al presentarse y aceptar a la otra, están reconociéndose recíprocamente. De no ser así comienza un periodo de discusión ante los entes correspondientes sobre la pertinencia de la relación entre ese sindicato y esa empresa o grupo empresario.

El primer acuerdo es acerca de a quién se refiere el convenio y cuál es el tiempo de vigencia. Es habitual que los convenios se establezcan por el sistema de categorías, es decir, con definiciones muy generales de cada uno de los niveles, y que determinen una remuneración para cada nivel. Esta puede ser mínima, pero habitualmente es fija para que la empresa no pueda cambiar el espíritu que el sindicato propuso y se aceptó respecto de las importancias relativas de los puestos.

A continuación, se listan algunos beneficios económicos:

- La antigüedad.
- Los adicionales:

  - por familiar,
  - por estudio,
  - por título,
  - por trabajo nocturno,
  - por trabajo en turno rotativo,
  - por horas extra.

- Los planes de incentivos salariales.
- Los aumentos salariales.

Los convenios tratan, asimismo, cuestiones sobre:

- Días festivos.
- Ausencias y permisos.
- Vacaciones.
- Planes de pensión.
- Seguro de vida.
- Tiempos de descanso durante el trabajo.
- Acciones disciplinarias.

Y también temas más generales como:

- Procedimiento de quejas.
- Publicaciones sindicales.
- Actividades sindicales organizadoras.
- Deportes.
- Transferencias y promociones.
- Casos de despido.
- Cobro de deudas y cuotas.
- Seguridad en el puesto para delegados y otros miembros del sindicato.
- Casos de mediación o arbitraje.
- Preservación de la autoridad gerencial.
- Preservación del sindicato.

Desde luego, puede haber otros ítems, ya que las relaciones entre grupos humanos abarcan situaciones muy diversas, pero los mencionados son los más habituales.

Bibliografía

ABARBANEL, H. y otros. *Cultura organizacional,* Legis, Bogotá, 1992.

ALBERT, M. *Capitalismo contra capitalismo,* Paidós, Buenos Aires, 1992.

ARGYRIS, C. *Good communication that blocks learning,* HBR (Harvard Business Review y Press), Boston, 1994.

ARGYRIS, C. *Conocimiento para la acción,* Granica, Barcelona, 1999.

ARISTÓTELES. *Ética a Nicomaco,* Porrúa, México, 1992.

BARRET, F. *Creating appreciative learning cultures,* HBR, Boston, 1995.

BARTLETT, C. *What is a global manager,* HBR, Boston, 1992.

BARTLETT, C. y otros. *Changing the role oftop management,* HBR, Boston, 1994.

BATESON, G. *Espíritu y naturaleza,* Amorrortu, Buenos Aires, 1993.

BEER, H. y otros. *The criticalpath to renewal,* HBR, Boston, 1992.

BENNIS, W. *Democracy is inevitable, Participative mgmt.* HBR, Boston, 1991.

BENNIS, W. *Estructuras tradicionales, trasformación y cambio,* Troquel, Buenos Aires, 1969.

BENNIS, W. y otro. *Democracy is inevitable,* HBR, Boston, 1992.

BENNIS, W. y otro. *The 21st century organization,* Pfeiffer, México, 1995.

BENNIS, W. *¿Cómo llegar a ser líder?,* Norma, Bogotá, 1989.

BENNIS, W. *Managing people is like herding cats,* HBR, Boston, 1994.

BADARACCO, J. *Leadership,* HBR, Boston, 1989.

BECKHARD, R. *Desarrollo organizacional,* Fondo Educativo, México, 1973.

BENNIS, W. *Desarrollo organizacional,* Fondo Educativo, México, 1973.

BHIDE, A. *How entrepreneurs craft strategies that work,* HBR, Boston, 1994.

BLOCK, P. *El manager fortalecido,* Paidós, Buenos Aires, 1987.

BRILL, P. y otro. *The four lever of corporate change,* AMA, Nueva York, 1997.

BON, F. y otros. *Filosofía,* Mensajero, Bilbao, 1974.

BOTTO, Verónica. *Assessment Center,* ADPA, Buenos Aires, 1997.

CHESBROUGH, H. *When is virtual virtuous?,* HBR, Boston, 1996.

CLOT, A. *Solimán el Magnífico,* Emecé, Buenos Aires, 1985.

CLOULAS, I. *Los Borgia,* Vergara, Buenos Aires, 1988.

CLOULAS, I. *Lorenzo el Magnífico,* Vergara, Buenos Aires, 1996.

CONNER, D. *Managing the speed of change,* Wiley, Londres, 1992.

CUTCHER, J. y otros. *Knowledge driven work,* Oxford University Press, Nueva York, 1998.

DAUDELIN, M. *Learning from experience through reflection,* Org. Dynamics, Nueva York, 1996.

DAVENPORT, T. *Process innovation,* HBR, Boston, 1992.

DAVIS, BRIAN, y otros. *Successful Manager's Handbook,* Personnel Decisions, Nueva York, 1992.

DEAL, T. y otro. *Las empresas como sistemas culturales,* Sudamericana, Buenos Aires, 1985.

DE KERKOVE, R. *The skin of culture,* Sommerville, Toronto, 1995.

DELPERRIE DE BAYAC, J. *Carlomagno,* Ayma, Barcelona, 1977.

DONALDSON, D. *Corporate restructuring,* HBR, Boston, 1994.

DRUCKER, P. *Managing in turhulent times,* Pan, Londres, 1986.
DRUCKER, P. *La gerencia de empresas,* Impresores, Buenos Aires, 1963.
DRUCKER, P. *Las nuevas realidades,* Sudamericana, Buenos Aires, 1989.
DRUCKER, P. *Dirección de empresas sinfines de lucro,* Ateneo, Buenos Aires, 1992.
DRUCKER, P. *The coming ofthe new organization, Particmgmt.* HBR, Boston, 1991.
DRUCKER, P. *The new society of organization,* HBR, Boston, 1992.
DRUCKER, P. y otros. *Knowledge management,* HBR, Boston, 1998.
DuCK, J. *Managing change, the art ofbalancing,* HBR, Boston, 1993.
DURANT, W. *Historia Universal,* Sudamericana, Buenos Aires, 1985.
DURANT, W. *Las lecciones de la historia,* Sudamericana, Buenos Aires, 1969.
ETTORE, B. *Making change,* AMA, Nueva York, 1996.
FARKAS, C. *The ways CEOS lead,* HBR, Boston, 1996.
FISH y otros. *La táctica del cambio,* Herder, Barcelona, 1994.
FISHER, E. y otros. *Negotiating to yes,* Houghton, Nueva York, 1991.
FORD, R. *Motivation through the work itself,* AMA, Nueva York, 1969.
FOUCAULT, M. *Un diálogo sobre elpoder,* Alianza, Buenos Aires, 1990.
FRASER, A. *Reinas guerreras,* Vergara, Buenos Aires, 1995.
FROMM, E. *El miedo a la libertad,* Paidós, Buenos Aires, 1987.
GABARRO, J. *The dynamics oftaking charge,* HBR, Boston, 1987.
GABARRO, J. y otros. *Managing people and organizations,* HBSP, Boston, 1992.

GATES, B. *The road ahead,* Viking, Nueva York, 1995.
GILDER, G. *The revitalization of everything,* HBR, Boston, 1996.
GELINIER, O. *Funciones y tareas de dirección general,* TEA, Madrid, 1966.
GERGEN, K. *El yo saturado,* Paidós, Buenos Aires, 1991.
GIRONELLA, J. *Yo, Mahoma,* Planeta, Barcelona, 1989.
GLUCK, F. y otro. *Managing technological change,* HBR, Boston, 1992.
GREINER, Larry. *Evolution and revolution as organizations grow,* HBR, Boston, 1992.
GREINER, Larry. *Patterns of organization change,* HBR, N°3, 1967.
GROSSMAN, M. *The change agent,* AMA, Nueva York, 1974.
GURGO, O. *Pilatos,* Planeta, Barcelona, 1990.
HAEFS, G. *Aníbal,* Sudamericana, Buenos Aires, 1999.
HALEY, J. *Tácticas de poder de Jesucristo,* Tiempo cont., Buenos Aires, 1974.
HAMMEL, G. y otro. *Competing for the future,* HBR, Boston, 1994.
HAMMER, M. y otro. *Reingeniería,* Norma, Bogotá, 1994.
HAMMER, M. y otro. *Reengineering work: don't automate, oblitérate,* HBR, Boston, 1996.
HANDY, Charles. *Beyond certainty,* HBR, Boston, 1996.
HANDY, Charles. *The age of paradox,* HBR, Boston, 1994.
HANDY, Charles. *Balancing corporate spirit,* HBR, Boston, nov. 1992.
HARARI, O. *Why did reengineering died.* AMA, Nueva York, 1998.
HEIDER, J. *El tao de los líderes,* Nuevo Extremo, Buenos Aires, 1990.
HELMS, J. *Alfred the Great,* Barnes, Nueva York, 1995.
HILL, L. *Becoming a manager,* Harvard, Boston, 1996.
ISENBERG, D. *How sénior managers think, Mgrs.aslead.* HBR, Boston, 1991.

ISHIKAWA, K. *Qué es control de calidad total,* Norma, Bogotá, 1985.

JACQUARD, R. *La desinformación, una manipulación del poder,* Espasa Calpe, Madrid, 1988.

JACQUES, Elliot. *Executive Leadership,* Cason, Arlington, 1991.

JACQUES, Elliot. *Creativity at work,* Pollock, Madison, 1991.

JACQUES, Elliot. *Inpraise of hierarchy, Part.mgmt,* HBR, Boston, 1991.

JAY, A. *How to run a meeting. Effective communication,* HBR, Boston, 1999.

JICK, T. *Accelerating change for competitive advantage,* O.y Dinamics, Nueva York, 1991.

JICK, T. *Managing change,* Wiley, Londres, 1993.

JOHNSON, M. *Telecommuting to work,* AMA, Nueva York, 1996.

JUNG, C. G. *Arquetipos e inconsciente colectivo,* Paidós, Buenos Aires, 1981.

KATZENBACH, J. y otro. *The wisdom of teams,* HBR, Boston, 1993.

KELLEY, R. *Inpraise of followers, Mgrs as leaders,* Boston, 1991.

KOLAKOWSKI, E. *Hüsserly la búsqueda de la certeza,* Alianza, Madrid, 1975.

KOTTER, J. *What leaders really do,* HBR, Boston, 1993.

KOTTER, J. *Managers as leaders,* HBR, Boston, 1991.

KOTTER, J. *Leading change,* HBR, Boston, 1995.

KOTTER, J. *Why transformation effortsfail,* HBR, Boston, 1995.

KOTTER, J. *Choosing strategies for change,* HBR, Boston, 1992.

KOESTLER, A. *Espartaco,* Sudamericana, Buenos Aires, 1965.

LALOUETTE, C. *Memoria de Ramses,* Grijalbo, Barcelona, 1994.

LAMANNA, E. P. *Historia de la Filosofía,* Hachette, Buenos Aires, 1981.

LAMB, J. *Carlomagno,* Sudamericana, Buenos Aires, 1995.

LAWRENCE, P. *How to deal with resistance to change,* HBR, Boston, 1994.

LEVINSON, H. y otros. *Designing your career,* Harvard, Boston, 1989.

LIPPIT, R. y otros. *La dinámica del cambio planificado,* Amorrortu, Buenos Aires, 1958.

LUDWIG, E. *Napoleón,* Juventud, Barcelona, 1949.

MADARIAGA, S. *Hernán Cortés,* Sudamericana, Buenos Aires, 1964.

MANN, K. *Alejandro,* Juventud, Barcelona, 1994.

MCKENNEY, J. *Waves of change.* HBR, Boston, 1993.

MCKENNEY, J. y otros. *Waves of change.* HBR, Boston, 1994.

MAQUIAVELO, Nicolás. *El Príncipe,* Iberia, Barcelona, 1970.

MARISTANY, Jaime. *Planeamiento de la carrera del personal,* Editora Asociados, Buenos Aires, 1970.

MARISTANY, Jaime. *Empleo y desarrollo de personal,* Contabilidad Moderna, Buenos Aires, 1972.

MARISTANY, Jaime. *Evaluación de tareas y administración de remuneraciones,* Contabilidad Moderna, Buenos Aires, 1972.

MARISTANY, Jaime. *Hombre, empresa y sociedad,* Contabilidad Moderna, Buenos Aires, 1973.

MARISTANY, Jaime. *El hombre y la empresa ¿son compatibles?* Macondo Ed., Buenos Aires, 1980.

MARISTANY, Jaime. *La gestión natural,* Editorial Fraterna, Buenos Aires, 1983.

MARISTANY, Jaime. *El management eficaz*, Profesional Editora, Buenos Aires, 1990.

MARISTANY, Jaime. *El estilo gerencial argentino*, Profesional Editora, Buenos Aires, 1992.

MARISTANY, Jaime. *El caso Union Carbide*, Profesional Editora, Buenos Aires, 1992.

MARISTANY, Jaime. *Manual de Recursos Humanos*, Profesional Editora, Buenos Aires, 1992.

MARISTANY, Jaime. *Motivación*, Layetana, Buenos Aires, 1994.

MARISTANY, Jaime. *Liderazgo*, Layetana, Buenos Aires, 1996.

MARISTANY, Jaime. *Acción para el cambio*, Granica, Buenos Aires, 1998.

MARISTANY, Jaime. *Management de recursos humanos*, Ed. UNO, Buenos Aires, 1998.

MARTNER, G. y otros. *Diseños para el cambio*, Nueva Sociedad, Caracas, 1987.

MAUROIS, André. *Un arte de amar*, Hachette, Buenos Aires, 1978.

MOONMAN, R. *The manager and the organization*, Tavistock, Londres, 1961.

MOSCOVICI, S. *Psicología social*, Paidós, Buenos Aires, 1985.

MOSS KANTER, R. *The new managerial work, Mgrs. in the middle*, HBR, Boston, 1991.

MOUROUSY, P. *Rasputín*, Vergara, Buenos Aires, 1986.

NARDONE, G. y otro. *El arte del cambio*, Herder, Barcelona, 1992.

NEGROPONTE, N. *Ser digital*, Atlántida, Buenos Aires, 1995.

NEWBY, P. *Saladin in his time*, Barnes, Nueva York, 1983.

NEWCOMBE, T. *Manual de psicología social*, Eudeba, Buenos Aires, 1964.

NICHOL, N. y otros. *Reach for the top*, HBR, Boston, 1995.

NICHOLS, R. y otro. *Listening topeople effective Communications,* HBR, Boston, 1999.

NONAKA, I. y otro. *La organización creadora del conocimiento,* Oxford University Press, México, 1999.

ORTEGA Y GASSET, José. *El hombre y la gente,* Rev. de Occidente, Madrid, 1959.

ORTEGA Y GASSET, José. *Unas lecciones de metafísica,* Rev. de Occidente, Madrid, 1972.

ORTEGA Y GASSET, José. *Ideas y creencias,* Rev. de Occidente, Madrid, 1959.

ORTEGA Y GASSET, José. *Historia como sistema,* Rev. de Occidente, Madrid, 1962.

PAYNE, R. *Gandhi,* Bruguera, Barcelona, 1976.

PEARCE, C. y otro. *Metaphors for change,* O. & Dynamics, Nueva York, 1996.

PEARSON, A. *Tough-minded ways to get innovative,* HBR, Boston, 1996.

PFEFFER, J. *Competitive advantage through people,* HBR, Boston, 1994.

PFEFFER, J. *The human equation,* HBR, Boston, 1998.

PLATÓN. *La República,* Aguilar, Madrid, 1968.

PLUTARCO, *Vidas paralelas,* Porrúa, México, 1993.

PRADWIN, M. *Gengis Kan,* Juventud, Barcelona, 1985.

PRINCE, G. *Creative meetings through power sharing. Effective communication,* HBR, Boston, 1999.

QUINN, J. *Managing innovation: control chaos,* HBR, Boston, 1996.

RAELIN, J. *The clash of cultures,* Harvard, Boston, 1985.

REICH, R. *The team as hero,* HBR, Boston, 1994.

ROSENER, J. *Ways women lead. Managing people,* HBR, Boston, 1991.

ROZÍTCHNER, L. *Freud y el problema del poder,* Folios, Londres, 1982.

RUSSELL, B. *Bertrand Russell responde,* Granica Editor, Buenos Aires, 1971.

SCHAFER, R. y otro. *Successful changeprograms begin with result,* HBR, Boston, 1993.

SCHEIN, E. *Consultoría de procesos, su papel en el desarrollo organizacional,* Fondo Educativo, México, 1973.

SCHEIN, E. *La cultura empresarial y el liderazgo,* Plaza, Barcelona, 1988.

SCHNEIDER, B. y otros. *Creating a climate and culture for sustainable or gañiz ational change,* O&D, Nueva York, 1996.

SCHOEK, H. *La envidia,* Club de Lectores, Buenos Aires, 1969.

ScHWARTZ, F. *Women as a business imperative,* HBR, Boston, 1992.

SEMLER, R. *Managing without managers, Particmgmt.* HBR, Boston, 1991.

SERVAN SCHREIBER, J. L. *Cómo dominar el tiempo,* Emecé, Buenos Aires, 1986.

SEWARD, D. *Leonor of Aquitaine,* Barnes, Nueva York, 1993.

SHAH, Ydries. *Cuentos de los derviches,* Paidós, Buenos Aires, 1969.

SHAH, Ydries. *Reflexiones,* Paidós, Buenos Aires, 1969.

SIMMONS, R. *Levers of control,* HBR, Boston, 1994.

SIRKIN, Harold y STALK, George. *Fix theprocess, not theproblem,* HBR, N° 4,1990.

STONE, L. *The high valué manager,* AMA, Nueva York, 1996.

STREBEL, P. *Why do employees resist change,* HBR, Boston, 1996.

SUN TSU. *El arte de laguerra,* Andrómeda, Buenos Aires, 1994.

SUTHERLAN, J. y otro. *Strategic stress management,* Mac Millan, London, 2000.

TANNENBAUM y otro. *Leadersbip and organization, a behavioral approach,* McGraw-Hill, Nueva York, 1961.
TAYER, R. *HOW I learned to ley my workers lead,* HBR, Boston, 1991.
TIWANA, A. *The knowledge management toolkit,* Prentice Hall, Nueva Jersey, 2000.
TOBIN, D. *The knowledge-enables organization,* AMA, Nueva York, 1998.
TOYNBEE, Arnold. *Estudio de la Historia,* Emecé, Buenos Aires, 1959.
TOYNBEE, Arnold. *Guerra y civilización,* Emecé, Buenos Aires, 1952.
ULRICH, D. *Human resource champion,* HBR, Boston, 1997.
VALLEJO-NAGERA, J. *Locos egregios,* Planeta, Madrid, 1990.
VANDENBERG, P. *César y Cleopatra,* Vergara, Buenos Aires, 1987.
VON CLAUSEWITZ, K. *De la guerra,* Need, Buenos Aires, 1987.
VROOM, V. *Manage people notpersonnel,* HBR, Boston, 1990.

WALTON, R. *From control to commitment in the workplace. Mgrs. in the middle.* HBR, Boston, 1991.
WATZLAWICK, P. y otros. *La realidad inventada,* Gedesia, Barcelona, 1987.
WATZLAWICK, P. y otros. *El lenguaje del cambio,* Herder, Barcelona, 1992.
WATZLAWICK, P. y otros. *La coleta del barón de Münchhausen,* Herder, Barcelona, 1992.
WATZLAWICK, P. y otros. *Cambio,* Herder, Barcelona, 1995.
WATZLAWICK, P. y otros. *Teoría de la comunicación humana,* Herder, Barcelona, 1995.
WARNER, R. *César imperial,* Sudamericana, Buenos Aires, 1988.
WARNER, R. *El joven César,* Sudamericana, Buenos Aires, 1988.
WARNER, R. *Pericles,* Sudamericana, Buenos Aires, 1989.

YMAZ, José. *Las raíces del pensar,* Emecé, Buenos Aires, 1990.

YORKS, Lyle. *Key elements in implementing job enrichment,* Personnel, set., Nueva York, 1973.

YoURCENAR, M. *Memorias de Adriano,* Sudamericana, Buenos Aires, 1987.

ZALEZNICK, A. *Management of disappointment. Mgrs. in the mid.* HBR, Boston, 1991.

ZALEZNICK, A. *Managers and leaders are they different?* HBR, Boston, 1991.

ZALEZNICK, A. y otro. *The dynamics of interpersonal relations,* Wiley, Nueva York, 1964.

www.ingramcontent.com/pod-product-compliance
Lightning Source LLC
Chambersburg PA
CBHW051642170526
45167CB00001B/303